JN035464

ケアマネジャーはらはら日記

当年68歳、介護の困り事、おののきながら駆けつけます

岸山真理子

まえがき――成長しないケアマネ物語

お仕事小説やお仕事ドラマが好きだ。

たいてい主人公は若く、新入社員としてある職場にやってくるところから物語は始まる。仕事の内容が紹介されながら、主人公の失敗やトラブル、職場いじめ、ライバルとのバトル、友情、ロマンス、教訓が描かれ、成長で幕を閉じる。

三五館シンシャの日記シリーズでは、主人公が若くない。かわいらしくない。冴えない。舞台はまったく陽が当たらない。高齢になった彼らがそんな職場に入っていく。ロマンスや萌え、キュンキュンがいっさいない。教訓もあるようでない。怒鳴られたり罵(ののし)られたりする。日暮れて道遠し。

だが、主人公たちは悲観しない。これって、自分もそうではないだろうかと気がついた。

介護保険制度の創設に伴ってケアマネジャーという職業が日本に誕生したのは、

2000年4月[*]である。私は2000年11月、第2回の試験を受けて合格した。

詳しくは後述するが、私は介護業界で働くようになる以前、20～30代にかけて非正規の単純労働現場を転々としていた。40歳をすぎて正規雇用してくれるのは介護職くらいのものであった。

介護業界大手の株式会社を皮切りに3つの居宅介護支援事業所に勤務し、埼玉県M市の地域包括支援センターの責任者を務めた。その後、紆余曲折を経て、ケアマネ歴21年目を数える現在は再び、居宅介護支援事業所に勤務している。

本書を読んでもらえればわかると思うが、あらかじめ申しあげておく。

私は優秀なケアマネジャーではない。

書類整備などの実務に追いつけない。手際が悪く、機転がきかない。「ベテランだからといって、できるケアマネというわけではないんですね」などと言われることもある。

お仕事小説やお仕事ドラマの主人公のようにいつになったら成長するのかとあきれながら、もう70歳も目前に迫ってきた。

これまで介護現場の末端で、さまざまな事例を目撃し、携わってきた。

2000年4月
介護保険法がスタートしたのが2000年4月1日。ケアマネジャーの試験はその前年から開始されていた。最近は合格率10％台で難関とされる試験も、私が受験したころは合格率50％台の〝広き門〟だった。

日々バタバタと動き回り、電話をかけまくる。ケアプランを作り、それに付随する経過記録や担当者会議録、モニタリング記録を残す。様態の急変した利用者のために救急車を呼び、救急車のあとを追いかけ病院に行く。＊ひとり暮らしの利用者のために病院に付き添う。あらゆるシーンに介護現場のリアルな姿がある。

本書の1、2章では「地域包括支援センター」におけるケアマネ業務を描いた。

3章では「地域包括支援センター」を辞めて次の職場に移る〝紆余曲折〟を描く。

4章では「居宅介護支援事業所」でのケアマネ業務を扱っている。

成長できないケアマネも、初めての介護に戸惑っている利用者やその家族の前では、頼もしいケアマネを演じている。彼らを心配させないよう、「大丈夫、私にどーんとまかせておきなさい」という顔をしている。涼しい顔で泳いでいても水面下では必死の水かきをしているアヒルなのだ。

本書では、そんな私の極限状態における滑稽さも描いた。日記形式になっているが、すべて私が実際に体験したことである。＊ぜひ気楽に楽しんでお読みいただ

救急車のあとを追いかけ病院に行く
時に半日がかりとなる病院への付き添いはこれまで無報酬だったが、2021年4月より、1カ月に1回、ひとりにつき500円の加算がつくようになった。

実際に体験したこと
すべて実話であるが、登場する人物名、施設・団体名はすべて仮名としている。また私は現役のケアマネジャーであり、登場人物の特定を避けるため、年齢・人物像などもぼかしてある。

きたい。

私のドタバタを通して、みなさんに介護の世界を垣間見ていただけたら、そしてそこで汗をかいている人たちの姿を知っていただけたらと願っている。

ケアマネジャーはらはら日記◉もくじ

まえがき──成長しないケアマネ物語

第1章 ケアマネの多難すぎる日常

某月某日 感情労働者：「俺に、さ・わ・る・な！」 12
某月某日 ケースワーカーの〝使命〟：「あなたと話す必要はない」 16
某月某日 綱渡り：90代と60代のハローワーク 22
某月某日 猛反対：生活保護をめぐる兄弟の攻防 28
某月某日 本日も残業なり：地域包括支援センターの、ある一日 33
某月某日 元気すぎる認知症：妄想が「自立」の邪魔をする 37
某月某日 「ふつう」になりたい：職を探す旅 42
某月某日 おむつ交換おばさん：私のモチベーション 46
某月某日 夢の職業：ゾクゾクするような快感 48

第2章 「老い」と「死」の最前線

某月某日 ゴミに埋もれたアルバム：アルコール依存症 52
某月某日 息子には仕事がない：父親がいなくなったら… 59
某月某日 おだっくい：一人三役のコント活動 64

某月某日　一緒に暮らしましょう：考え抜いたウソ　69
某月某日　がん治療：最期の迎え方　75
某月某日　認知症棟：脳裡に刻まれる母と娘　82
某月某日　愛の（？）キーホルダー：迎えに行くのは誰？　87
某月某日　終の棲家：大家との対決　94

第3章　人間関係はいつもヤッカイだ

某月某日　もうすぐ定年：それでもまだ働きたくて　102
某月某日　不機嫌なドクター：人生を懸けた交渉　107
某月某日　一抹の不安：素朴な好青年の正体　112
某月某日　辞めてもらいます：突然の宣告　116
某月某日　追放：ため込んで爆発するタイプ　120
某月某日　監視と非難：「もう一度、書き直してください」　125
某月某日　孤立：「レセプトをやったことないですって！」　132
某月某日　メール騒動：「非常にまずい事態になりました」　136
某月某日　ド素人以下：「許せる行為じゃありません」　144
某月某日　シミュレーション：「辞めさせていただきます」　148

第4章　まだまだ辞められない

某月某日 **火の車**：垂れ流される赤字　158
某月某日 **ベテランと甘ったれ**：介護のプロの嘆き　162
某月某日 **ホステス**：「うらぶれた人間になるなよ」　167
某月某日 **ワンマンショー**：恐るべき訪問看護師　172
某月某日 **ライブ配信**：娘の副業　179
某月某日 **ロシアンルーレット**：あるおじさんケアマネの告白　182
某月某日 **疑似家族**：気がかりな〝妹〟　185
某月某日 **入院拒否**：放り出される瀕死の患者たち　191
某月某日 **心配ないよ**：責めない、叱らない、蔑まない　196

あとがき——夢のような日々　202

装幀◉原田恵都子（ハラダ＋ハラダ）
イラスト◉伊波二郎
本文校正◉円水社
本文組版◉閏月社

第1章 ケアマネの多難すぎる日常

某月某日 **感情労働者**：「俺に、さ・わ・る・な！」

「こんなヘボなケアマネ、見たことねえぞ。おまえみたいに能力がないケアマネ*は、き・え・ろ！」

私を大声で罵倒したのは78歳でひとり暮らしの男性だ。難病で歩行困難なうえ、半年前に受けた胃がんの手術のあとの痛みが激しく、いつも苛立っていた。

大学病院への通院に付き添ったとき、私が診察後の精算に戸惑ったことで怒りを爆発させた。

「おまえはもうどこかに行け！　これ以上、俺に、さ・わ・る・な！」

彼は私を振りほどくかのように車いすをぐるぐる回しながら怒鳴った。駆け付けた病院職員が男性をなだめ、ようやくその場は収まった。

ケアマネになって20年、利用者から出入り禁止を食らって、どうにもならなくなった経験が5回ある。自分から断ったことは一度もない。

ケアマネ
正式名称は介護支援専門員。ケアマネジャー、もしくはケアマネの呼び方が一般的。受験資格を得るには、看護師や介護福祉士、社会福祉士等、保健や医療、福祉系の資格を持ち、5年以上の実務経験が必要。試験に合格後、87時間の研修を受け、都道府県に登録申請をし、受理されれば、資格取得となる。

私たちケアマネは常時、大なり小なり、利用者の怒りにさらされる。ケアマネは、利用者や家族の怒りや不安、悲しみに直面する〝感情労働者〟だ。激怒している人は困っている人、不安と悲しみでいっぱいの人だ。だから、ケアマネは負の感情を受け止めるトレーニングをする。利用者の怒りの背景にある主訴を見つけてあげ、根気よく対応する。それが私たちの基本姿勢だ。

詳しくは後述するが、私は注意欠如・多動症（ＡＤＨＤ）と二次障害の不安神経症*を持っている。そのせいか、ささいなことでカッとなる気短かな傾向を持っていた。それも20年にわたるケアマネジャーとしての生活で、ずいぶんと鷹揚（おうよう）になった。

ときどき西村夕子さんという女性を思い出す。

「要支援２」の夕子さんはＵＲの団地にひとりで暮らしていた。脳内出血を起こし、左半身に麻痺が残っていた。

今から10年前、私が初めて会ったとき、夕子さんは回復期リハビリテーション

注意欠如・多動症（ＡＤＨＤ）と二次障害の不安神経症　医療機関で診断を受けたわけではないが、たくさんの関連書籍を読み、自分の症状と照らし合わせて自己判断している。さまざまな本を参考に自分なりの対応策を編みだした。

病棟*に入院していた。もうすぐ在宅に戻る彼女の担当になってほしいと、医療相談員からの要請で私は病院に行った。

小柄な夕子さんは、さらさらの黒髪のおかっぱ頭でコケシを思わせた。だが、外見とは裏腹に激情の人だった。

「あんたみたいなケアマネじゃ、絶対うまくいきっこない！」

私はのっけから夕子さんに頭ごなしに叱責された。

怒る人には「怒りのスイッチ」があって、なんらかの加減でそのスイッチが押されてしまうと、激高し、相手の話が耳に入っていかなくなる。悪気がなくても、こちらが〝上から目線〟でものを言ったり、傷つける言葉を放ったりしていることもある。

このときは出会ってすぐだった。今、会ったばかりで「絶対うまくいきっこない」だなんて……。私は感情を抑えながら、介護保険の手続きの説明を続けた。

夕子さんは通所リハビリを開始し、私は3カ月ごとにモニタリング*で夕子さん宅を訪問した。

ある日、彼女が「新しいカーペットに取り替えたいんだけど、できない」とた

回復期リハビリテーション病棟
当時、私はM市の地域包括支援センターで主任ケアマネとして働いていた。センターの母体は「医療法人・タンポポ会」という、回復期リハビリテーション病棟を持つ病院だった。夕子さんは大学病院で治療後、「タンポポ会」の回復期リハビリテーション病棟に転院し、在宅生活を見据えた訓練を受けてきた。

モニタリング
介護プランの提案後の状況について利用者やその家族に対しての聞き取り

め息をついた。特別な家事は訪問介護ではできないため、私は便利屋を紹介しようとした。「そんな人に頼まなくていいわ」そう言って夕子さんは断った。

それから3カ月後、次の訪問時のことだ。モニタリングを終え、帰ろうとすると、玄関先で夕子さんが爆発した。

「あんた、何も気がつかなかったの⁉」

突然、そう怒鳴られた。

私は驚いてその場に立ち尽くした。言われるような何にも気づかなかった。

「どんだけ間抜け？　私の部屋のカーペット、取り替えたんだよ。私が全部、自分で買って、自分のこの手で取り替えたんだよ！」

夕子さんの白い頬に涙がすべり落ちた。

「そんなことも気がつかない。私がどんなたいへんな思いして、カーペットを取り替えたと思う？　あんたなんか、どうせ他人事（ひとごと）だもんねえ……」

怒鳴り声が涙声に変わっていた。

夕子さんの家を訪れ、話を聞き、相談にのっているときは親身になっているつもりでも、彼女の左半身麻痺は私にとってたしかに他人事なのだ。

を行なう。利用者から相談がある場合はその都度、駆けつける。

利用者たちはさまざまな不自由さを抱えて、逃れることのできない24時間を生きている。

私は詫びた。そして、利用者たちの苛立ちや怒りをすべて正面から受け止めようと決めた。

某月某日　ケースワーカーの〝使命〟：「あなたと話す必要はない」

地域包括支援センター*は駆け込み寺だ。

「離れて暮らす親に介護が必要になった」「夫が認知症になった」「通院したいが移動手段がない」などなど、医療や福祉、介護に関わるありとあらゆる困りごと*が寄せられる。

生活保護を受給している吉川さん一家から相談を受けたとき、私は頭を抱えた。彼らの担当が、遠藤さんだったからだ。

M市生活保護課のケースワーカーのひとりである遠藤さんは、メガネをかけた

地域包括支援センター
設置主体は各市区町村で、社会福祉法人や医療法人に運営を委託している場合が多い。保健師または看護師、社会福祉士、主任ケアマネの3職種がチームプレーで働き、介護や医療、福祉に関わる困りごとの相談に応じている。現在、全国約7335カ所に設置されている。

秀才タイプの顔つきで、私はひそかに「名探偵コナン」というニックネームをつけていた。生活保護課の前は介護保険課におり、そのころから私は彼に泣かされた。

要支援や要介護認定*を受けると、20万円を上限として住宅改修費が保険給付される。その申請手続きを私が行なったときのことだ。

「なぜ、こんな場所に手すりをつけるんですか？」

遠藤さんは見積書や図面に引っかかる部分を発見しては執拗に追及した。修正して持っていくと再び別の箇所を指摘される。遠藤さんからの指摘に応えるために施工業者に何度も見積もりや図面の修正を依頼しなければならなかった。

その後、遠藤さんは生活保護課に異動になり、私の担当地域が彼の管轄になっていた。

吉川さん一家は、80代の父親と母親、40代の娘の３人で生活保護を受けて団地に暮らしていたが、父親が重度の認知症になり、老人保健施設に入所した。

ところが、入所から半年後、遠藤さんと施設の相談員の間で、父親の在宅復帰が取り決められたという。

ありとあらゆる困りごと
本人や家族からの相談がほとんどであるが、民生委員や自治会役員から、「心配な高齢者がいるので、一緒に訪問してほしい」という依頼を受けて同行訪問することも多い。ほかにも、「よく出前を頼んでくれたおばあちゃんがボケて、一日に５回も６回も注文の電話をかけてくる」という蕎麦屋さん。「『通帳をなくした』と毎日窓口に来るおじいちゃんの様子がおかしいから、見に行ってほしい」と郵便局長から。時には駐在所の警察官からの相談もある。

要介護認定
介護保険サービスを利用する場合、最初に要介護認定を受ける必要がある。65歳以上の高齢者か、40歳以上の特定疾患を持つ

娘さんは父親の入所延長を希望していた。彼女は工場清掃の仕事で体力を使い果たし、父親の面倒をみることはできそうになかった。

「私、この間、お父さんの入所を延長してくださいって頼みに行ったんです。でもダメだって即答されちゃって」

娘さんがか細い声でつぶやいた。

「遠藤さんてキツイよね。でも、ああいう人に限って、きっと奥さんや子どもには優しいんでしょうね」

続けて娘さんは目を伏せてボソボソと言った。遠藤さんの左の薬指にいつのまにか結婚指輪が光っていることに私も気がついていた。

遠藤さんだって生身の人間だ。吉川さん一家の窮状を知れば、考え直してくれる。私は意を決して、父親の入所延長を頼もうとM市役所に電話をかけた。

遠藤さんは電話がつながるやいなや「その件はもう決まっています。これ以上、あなたと話す必要はない！」と叫び、そのまま電話は切れた。取りつく島もなかった。

そうこうしているうちに、父親が施設を退所し、家に帰ってきた。認知症の父

人が、認定の申請をすることができる。申請をすると、認定調査員が自宅や病院、施設を訪問し、調査を実施。この認定調査票と、主治医が作成する主治医意見書が、市区町村で開かれる認定審査会にかけられて、要介護度が認定される。申請からおよそ1カ月ほどかかる。

親は、目を離すと部屋を出ていき、階段から転がり落ちそうになる。訪問看護師を依頼したが、週に1回1時間だけでは限界があった。

ある日、私が訪問すると、父親は「病院に連れていけ」と叫んでいた。朝から夜中までそうして叫び続け、母親は憔悴し、娘は掃除のパートに行くことができなくなった。

これでは吉川さん一家は崩壊してしまう。やはり娘さんの希望どおり、父親を施設に入所させるしかない。危機感を強めた私は直談判するため、市役所に乗りこんだ。

フロアのカウンターから遠藤さんのワイシャツの背中が見えた。同僚たちと楽しい会話でもしているのか、笑っているようで背中が揺れていた。

「遠藤さん、吉川さんを施設に再入所させてください」

遠藤さんの背がのけ反った。彼はこちらを振り返って私を見た。表情は消えていた。すぐ立ち上がると、私の前まで歩いてきた。

「吉川さんは在宅で介護できるレベルではありません。やはり再入所が必要と思います」私がそう言うと、

「立ち上がれないんですかぁ。歩けないんですかぁ。寝たきりですかぁ。どこにどう介護の手間がかかっているのか、言ってみなさいよ」

遠藤さんは威嚇するように両腕を組んで背をそらした。

在宅の介護サービスのほうが施設入所より費用は安く抑えられる。とはいえ、たいていのケースワーカーは、ケアマネの意見を取り入れて入所を許可してくれる。しかし、遠藤さんは給付抑制を個人的使命にしているようにも思えた。

「立てません。這っています。娘さんはパートに行けなくなってしまいました。あなたは施設の費用を浮かせたと得意かもしれないけど、未来のある娘さんの足を引っ張っているんです。あなたみたいなケースワーカーが逆に将来の保護費を増やしていっちゃうんですよ」

自分の声が生活保護課のフロアに轟いていく。空気は静かで張り詰めていた。

「なんでもかんでも施設頼みにせず、うちで暮らせないか工夫してみてくださいよ。それもあなたの仕事でしょ！」

遠藤さんのトーンが上がる。生活保護課長が止めに入ってもよさそうなのに彼は奥の席で沈黙を守っている。

水際作戦*を励行し、生活保護の受給捕捉率*が低いことを誇っているM市の生活保護課では、遠藤さんのような若手は有望なのだ。課長は、生活保護課の正義を体現する遠藤さんを頼もしく思いながらも、市役所に訪れた市民の目を意識してそれに加勢するわけにもいかないのだろう。取り繕った顔で沈黙を守っている。

話し合いは平行線をたどり、決着のつかないまま私は市役所を去った。私の力で事態を動かすことはできなかった。最終決定権は役所にあり、ケアマネの私にはこれが限界だった。

その後も、父親は「病院へ連れていけ」と家を飛び出ていこうとした。私は娘からの電話で何度も駆け付け、父親をなだめ続けた。それ以上、どうすることもできなかった。母親と娘が殴られ、私も突き飛ばされた。

救いは週1回の訪問看護だった。ある日、父親があまりにも暴れたので、訪問看護師が救急車を呼び病院に搬送された。入院したら落ち着いたという。

病院の医療相談員が遠藤さんと交渉した結果、施設への入所が許可された。訪問看護師からも病院の医療相談員からも説得されて、遠藤さんはついに折れたのだ。

水際作戦
生活保護課は、住民から生活保護の申請を希望されたとき、ただちに申請用紙を渡すのが原則である。ケースワーカーは必要事項が記された申請書を受け取ったあと、申請者の資産や収入、扶養できる親族の有無などを調査し、生活保護法しか適用にならないことを確認したら、受給対象者として保護する。しかし、窓口に申請希望者が来ても、さまざまな理由をつけて、申請用紙を手渡さないケースワーカーが存在する。私が働いていたM市でもこうした行為がしばしば見られた。申請用紙を渡さず追い返すのを水際作戦と呼ぶ。

受給捕捉率
ある制度の対象となる人の中で、実際にその制度から受給している人がどれくらいいるかを表す数

それ以来、私は遠藤さんから無視されるようになった。

生活保護課の正義を体現していたはずの遠藤さんも翌年の春、別の部署に異動になった。

某月某日　**綱渡り**：90代と60代のハローワーク

県営住宅に住む渡辺俊彦さんから「私には希望がない。途方に暮れています」という電話が地域包括支援センターにきて、私は彼の家を初めて訪ねた。

渡辺さんは当時83歳、妻を亡くしてからひとり暮らしで子どもはいない。

「僕は外資系の商社に勤めてきましたが、厚生年金はありませんでした。だから、定年後、22年間タクシー会社で運行係として働いてきました。このたび、会社が吸収合併させられて、新しい所長が来たとたん、年だからって理由でこうですよ」

渡辺さんは太く短い首に片手を当てた。


値。高齢者の絶対的貧困は１０００人中１５６人とされる。１５６人は本来、生活保護を受給する対象者であるが、実際に生活保護を受給しているのは１０００人中17人。本来受給できる１５６人のうち、受給しているのは17人だから、この際の受給捕捉率は11％となる。M市の生活保護受給率は埼玉県下で低いほうだったが、生活保護課はこれを不正受給を防止している証であると誇っていた。

月に6万円の国民年金だけでは生活が苦しく、健康に自信がなく、先行きが見えずに不安になって、センターに電話したという。

「一緒にハローワークに行ってみませんか」と私は提案した。

私が主任ケアマネとして働いていた地域包括支援センターの母体は「タンポポ会」という医療法人で、回復期リハビリテーション病棟を経営していた。本院から離れた場所、M市の東のはずれに分院の内科クリニックがあり、センターの事務所はクリニックの建物の中に置かれていた。

事務所のすぐ近くには、１０００人の高齢者が暮らす県営住宅とＵＲの団地があり、そこの住民から毎日のように相談が寄せられた。看護師、社会福祉士各１人、主任ケアマネ*２人の計４人で、毎月延べ１００回を超す相談*に応じていた。目の回るような忙しさだった。

介護保険や福祉サービスにつなげてあげられる場合もあったが、ただ見守ることしかできない人たちがいた。

相談から1週間後、この前会ったときとは打って変わって、渡辺さんから明るい口調で電話がきた。

主任ケアマネ
ケアマネを5年経験したあと、都道府県の研修を受けて取得する。5年ごとに更新研修を受講しないと資格を喪失してしまう。私は4回受講した。

毎月延べ100回を超す相談
地域包括支援センターには4つの仕事がある。
①高齢者と家族の相談に対応する「総合相談窓口」業務。
②高齢者の虐待を防止し、認知症高齢者の権利を守る権利擁護業務。
③地域の人々とのネットワーク作り。地域の見守り体制を築く。
④要支援1と2と認定された人の自立支援と介護予防を促進するケアプランの作成。

「僕、結婚することにしました。岸山さんに彼女と会ってほしいんです」

絶望状態だったはずが、いきなり結婚話が出てきた。狐につままれたような思いで、再び訪問した。

「カカです。よろしくお願いします」ふくよかな身体をムームーのようなピンクの部屋着で包み、肉感的で妖艶な感じの女性が出迎えた。「桂華」という名前でカカと読むという。

「僕より23歳も年下で、なんだか年甲斐もないけど」

渡辺さんは気恥ずかしげに、しきりに禿頭（とくとう）をかいていた。

桂華さんは台湾生まれで、35年前、日本人の男性と結婚して大阪に来た。男の子をひとりもうけたが離婚、その後、上京した桂華さんはスナックやバーのホステスなどをして男の子を育てあげた。

「地震（東日本大震災）で古いアパートくずれた。住めなくなったよ。こっちでスナックやってる台湾人ママさん、頼って来たよ」桂華さんは身振り手振りをまじえて夢中で語った。

定年退職した独身男性に、外国人女性を斡旋するネットワークが県営住宅内に存在するのだと渡辺さんは説明した。彼が会社を解雇され困っているのを見かねて、知人が伝手(つて)でこの怪しげなネットワーク*に近づいたという。

３日前、渡辺さんは、知人から桂華さんを紹介され、玄関脇の４畳半の部屋を桂華さんに提供した。

「県営住宅は他人を住まわせると退去させられてしまうんです。でも結婚すれば問題ないですから、籍入れることにしました。もちろん、僕は桂華さんに指一本触れやしませんが」

「私、渡辺さん、好きよ」桂華さんは私の目の前で渡辺さんの首に手を回し、頬にキスした。渡辺さんはくすぐったそうに肩をすくめて笑っていた。

この２人、果たしてうまくいくのかどうか。

当初は心配していたが、桂華さんは食品工場で働き始め、渡辺さんが車で送り迎えをした。渡辺さんは送迎で桂華さんを支え、桂華さんは食費を出して渡辺さんを助ける、持ちつ持たれつの生活が続いた。意外とお似合いなのかもしれない。私はそう思い始めた。

渡辺さんの生活が一段落すると、私はいったん彼の支援を中止した。

怪しげなネットワーク
暴力団がからむ組織的偽装結婚グループではなく、貧しい高齢者を慰める助け合い的なゆるいグループだった。フィリピンや中国、タイなどからやってきた妻たちはかいがいしく在宅介護を担っていた。最底辺国際結婚といえた。

介護が必要な人であれば介護保険サービスを導入するし、疾病が重ければ支援を継続する。渡辺さんは元気で生活も安定しつつあるので、彼から支援要請があるまでは待機のスタンスでいいだろうと考えた。支援する人、しなくてもいい人を判断するのもケアマネの仕事といえる。

半年後、突然、渡辺さんから電話がかかってきた。桂華さんと口論になっているので仲裁してほしいという。痴話ゲンカの仲裁もケアマネの仕事か。急いで駆けつけると、口論はまだ続いていた。

桂華さんの話によると、彼女は台湾人仲間*から宇都宮のラブホテル清掃の仕事を紹介され、しばらく住み込みで働くことになった。しかし、渡辺さんは彼女が浮気をしているのではないかと疑い、ホテルの前で出入りする車を監視していた。80と60をすぎても男と女なのだ。ついにはラブホテルの経営者と揉め、桂華さんは勤めを辞めざるをえなくなったのだという。私は2人をなだめ、座らせた。こんなとき、第三者がいるだけで争いは鎮火する。

すぐに仲直りしたものの、ラブホテルの仕事を失い、2人の生活は行き詰まった。2人の困窮を知った私は生活保護の受給を勧めたが、桂華さんは断固、拒否

台湾人仲間
台湾の人たちは結束が固かった。ラブホテルだけでなく、ベビーシッターなどの仕事を桂華さんに紹介していた。家族や親戚一族の絆はさらに強く、関西に暮らす桂華さんの息子夫婦や台湾の弟、カナダ在住の妹夫妻までが渡辺さんの家に押し寄せてきて、彼に永遠の愛を誓わせたという。

した。「私、仕事、きっと探す」と主張した。

２人はハローワークに行き、桂華さんが施設の厨房で、渡辺さんは建設現場に雇われた。しばらくカツカツの生活で綱渡りをした。

それで、もう私の出番はなかった。ときどき私は渡辺さんに電話をかけて安否を確認した。彼もふと思い出したように電話を寄越し、近況を知らせてくれた。

その後、数年間にわたって、こうした関係が続いた。綱渡りながらも、生活は安定しているようだった。

２０１８年11月、私はM市の地域包括支援センターを定年退職することになり、２人に別れを告げに行った。

桂華さんはにこやかに私を迎え、肉料理でもてなしてくれた。

桂華さんも7年間に及ぶつきあいのうち、老いた農婦のようなたくましさが身体全体からにじむようになっていた。

地域包括支援センターの主任ケアマネは、生活保護の申請の手伝いや施設入所など、短期間のうちに困りごとを解決する場合もある。だが、このように何年にもわたって高齢者の生活を見守り続けることも多い。

「桂華さん、特別養護老人ホームの厨房で働くようになって元気になった」渡辺さんは誇らしげだった。

「私、正規になったの生まれて初めてよ」桂華さんも喜んでいた。

90歳の渡辺さんは現役で働いていることが自慢だ。ペットボトルキャップの製造工場での日給は５０００円、桂華さんの稼ぎと合わせてもギリギリ綱渡りの生活ながらも、２人はじつに楽しげである。

某月某日　猛反対：生活保護をめぐる兄弟の攻防

「21号棟の3階にお住まいの71歳の男性のことで相談があります」

その日は、ＵＲの下請け会社の男性職員からセンターに電話がきた。

「石川銀次さんの部屋はゴミ屋敷になっておりまして、ＵＲでは上の、4階と5階の空き部屋の募集をストップ*しています。石川さんはＵＲとの話し合いを拒否していまして……。センターの職員さんにも関わってほしいのです」

募集をストップ　石川銀次さんの3階の部

翌日、私は、銀次さんの住む団地の棟の前で、下請け会社の職員と待ち合わせた。

下請け会社の職員は気の弱そうな青年だった。彼は私にあいさつをしたあと、ひとりの男性を紹介した。

「銀次さんのお兄さんの石川鉄男さんです」

職員が私に引き合わせた鉄男さんは茫洋とした人だった。

3人で3階まで階段をのぼっていった。鉄製の扉が開いて、銀次さんが顔を出した。陽に焼けた茶色の細長い顔の中で険のある目が光っていた。

彼の背後には段ボールやポリ袋に入ったゴミがうずたかく積まれ、一歩たりとも入れない状態だった。電気も止められていた。

「おまえ、URの下請け職員っていうけど、どこにその証拠があるんだよ。なりすましじゃねえのか」

銀次さんは頭のてっぺんから抜けるような甲高い声を出した。青年を半ばからかい、半ば威嚇していた。

銀次さんはURの下請け職員に向かって、「おととい来やがれ」と吐き捨て、

屋からは悪臭が発生し、上階まで漂っていった。銀次さんは団地のゴミ集積場を漁り、食べ物のカスやタバコの吸い殻ばかりか、ゴミを拾い集めてため込んでいた。

鉄の扉を閉めた。

　下請け会社の職員の任務は、銀次さんに退居してもらうことだった。

　兄の鉄男さんは、ほかに行き場所はないから追い出さないでほしいと主張した。家賃は鉄男さんが支払っていた。

「お兄さんはどこで暮らしていらっしゃるんですか？」と私は聞いた。

「あたしは隣町の不動産屋で働いていましてね。そこの事務所で寝泊まりしています」

　お兄さんは、不動産屋の事務所は狭く、2人が住むのは無理だと言った。お兄さんの住民票は銀次さんの部屋に置かれている。家賃とともに無年金の銀次さんのため、鉄男さんが毎月8000円を渡しているのだという。

「あたしがゴミを捨てていきます。だから、もうちょっとここに置いてください」と鉄男さんは下請け職員に向かって拝むように両手を合わせた。

　その日から10日ほど経つと、銀次さんの真下の部屋に幼虫が落ちるようになった。下の部屋に住む女性は軽度の認知症状があり、デイサービスを使いながらひとり暮らしを維持していた。

私たちが訪ねると、女性は涙ぐみながら天井を指さした。

「あそこから虫がポタポタポタポタポタ落ちてくる」

女性は畳の隅に落ちた無数の幼虫を雑巾で拭き取っていった。それを見た兄の鉄男さんは責任を感じ、殺虫剤を持ってきて、幼虫駆除*に乗り出した。

一方、銀次さんはまるでのん気だった。

数日後、私は銀次さんに生活保護の受給を勧めた。いったんこの団地を出て、アパートを借り、電気や水道のある暮らしを送り、ゴミ置き場を漁らずとも食べ物に困らないようにするのだ。そのためには、もうどうしたって生活保護の申請しか手段はなかった。

私も一緒に申請についていくと提案すると、銀次さんはあっさり同意してくれた。

ところが困ったことが起こった。兄の鉄男さんがこれに猛反対した。

「生活保護を受けるのは絶対、反対だ。あたしはまだまだ稼げる。銀次も、廃品回収をしているホームレスの人たちを見習って、もっと才覚を持て！」

生活保護は世帯単位だから、兄の鉄男さんも同時に申請するか、もしくは鉄男

幼虫駆除
蛾の幼虫だった。鉄男さんは市販の殺虫剤を撒いたり、水をためたバケツの中に幼虫を入れていった。それが彼にできる精いっぱいの誠意だった。

さんは事実上、部屋に住んでいないのだから住民票から抜けてもらわねばならない。鉄男さんにはそれが許せなかったのだろう。

結局、鉄男さんの勢いに押されて銀次さんは生活保護の申請をあきらめることになった。

その後も、URの下請け職員から「なんとかなりませんか」と切羽詰まった声で何度も電話がかかってきた。彼は彼で、職場で追い詰められているのかもしれない。そうは思うが、「お兄さんが少しずつゴミ出しをしてくださっているようですよ。お役に立てず、すみません」としか答えられなかった。

本当にこのままでいいのだろうか。私は彼をほったらかしにしているのではないか。

ケアマネは、利用者の墜落を恐れる。墜落しないようにあらゆる施策をとり、どこかに不時着*させなければならない。

しかし、墜落しないまでも、いつ墜落するかわからない低空飛行がどこまでもどこまでも続く場合も多い。ケアマネの迷いながら、戸惑いながらの日々も、利用者の飛行とともにどこまでも続いていく。

不時着
その後、銀次さんは公園で錯乱状態になり、民生委員が救急車を呼んだ。銀次さんは精神科病院に搬送され、兄の鉄男さん

某月某日　本日も残業なり：地域包括支援センターの、ある一日

センターの始業時刻は朝8時30分だが、私はその40分前に出勤して、トイレを掃除し、事務所に掃除機をかけ、花の水を取り替え、職員4人の机を拭く。深呼吸をして精神統一を図り、パソコンを立ち上げ、本日の予定を確認。40分前出勤でないと、精神状態が落ち着かないので仕方ない。時間の余裕が自分を救ってくれるのだ。

8時30分、職員が揃い、ミーティング開始。各人が関わっている相談者への支援の進捗状況を報告し合う*。

それぞれの1日のスケジュールを伝え合った後、仕事開始となる。

この日は、9時15分に事務所を出て、居宅介護支援事業所のケアマネとともに、90歳の認知症の女性の家を訪問する。ケアマネの後方支援である。

90歳の女性は娘と2人暮らしだった。ケアマネによると、彼女はデイサービス

はやむなく生活保護の申請をして、生活保護が開始された。銀次さんはその後、精神状態が安定し、住宅型有料老人ホームへ入居した。

報告し合う
センターに寄せられる相談内容を共有する。ここでは、ちょっとした質問や確認、助言などが出される。困難事例についてはあらためてチームで検討する場が設けられる。

に失禁状態でやってくるので、デイサービスで着替えと洗濯をしているという。ケアマネは真夏の1カ月間だけでも、老母を老人保健施設に入所させて、脱水症状や熱中症、栄養失調から守りたい*と言った。ただ、娘が反対しているという。

今日は娘を説得するための訪問である。

「母を施設に入れたら、捨てられたと思っちゃいますよ。年金も少ないからお金だって払えないし……」

娘は臆病そうなタイプの人だった。玄関の外、立ちっ放しでの話し合いになった。認知症の老母は土間で猫と遊んでいた。

担当ケアマネが必死に娘を説得した。私は合間に提案を投げかけた。娘はのらりくらりと断った*。

ケアマネが、2泊3日のショートステイとデイサービスを組み合わせた計画書を作成し、1週間後の同じ時刻に訪問する約束を取りつけた。

11時、事務所に戻り、新規の電話相談を受ける。両親を遠方から引き取って間もない娘からだった。父は「要介護2*」でデイケアを利用し、母は「要支援2*」で体操教室に通っていたが、こちらでも使えるかと尋ねられる。すぐ使えると答

栄養失調から守りたい
ケアマネは娘が介護を放棄している「ネグレクト」を疑っていた。ネグレクトであれば、市の介護保険課に報告し、対応を検討してもらう必要がある。

のらりくらりと断った
老人保健施設の入所は断られたが、1時間半の立ち話で私は娘の母親への愛情を感じ取ることができ、少しほっとした。

要介護
数字が多いほど、多くの

え、明日の午前中、手続きの書類を携えて娘の家を訪問することを約束した。
12時から昼休みで、机の上に弁当を広げて食べ始めるが、再び電話が鳴る。ケアマネは訪問で不在が多いから、サービス事業所の人は昼休みを狙ってかけてくる。

私の地声は相当な大きさらしい。電話の声は地響きとなって、事務所全体に響きわたる。職員のひとりが「もう少しトーンを落として」と私に向かって、人差し指を口元に当てたポーズを取る。いったんは「気をつけます」と謝るものの、次の電話のときにはもう忘れている。

弁当箱を片付けると、また電話が鳴った。市役所の介護保険課からだった。「ただちに家庭訪問をしてほしい」という緊急性の高い依頼である。団地に住む、87歳の河野聡さんから「助けてくれ」という電話が市役所にあったという。

私が駆けつけると*、娘と思われる50代の女性がドアを開けた。だが、ぼうっと立っているだけで何も答えない。「失礼します」とだけ断って部屋に入ると、痩せ細った河野さんが和室に倒れていた。

私は彼を抱きかかえ、起こそうとした。身体は鉄板のように硬く重く動かない。

介護を要する人となる。この要介護度別に1カ月の介護保険サービス利用限度額が設定されている。要介護5の人がもっとも高い金額に設定されている。限度額を超えない範囲まで、1～3割の自己負担でサービスを使える。

要支援
要支援1と2は、介護は必要ではないが、社会的支援や介護になるのを予防するサービスが必要と認定された人のランク。

私が駆けつける
こうした場合、本来は2人体制で訪問することが望ましい。しかしその日、ほかの職員には午後の訪問予定が入っていたため、私がひとりで向かうことになった。

救急車を呼んだ。

救急隊員が到着し、河野さんを担架で運び出す作業中、娘はひどく脅えて頭を畳にこすりつけていた。

病院までついてきてほしいと救急隊員に頼まれた。「一緒に病院に行きましょう」私は娘のかたわらに座って声をかけたが、顔を上げてはくれなかった。

病院に同行し、待合室で河野さんの処置が終わるのを待つ。消化管出血だった。

河野さんは精神疾患を患う娘と長年2人で暮らし、引きこもっていたという。河野さんには自立した息子もいたが、自分たち2人のことは自力でなんとかしようと決めていたようだ。医者にもかかっていなかった。

苦痛が限界を超えたとき、助けを求めた先は119番でも110番でもなく、市役所だった。私は障害者福祉課に娘の支援をつなぐことにした。

事務所に戻ったころには、もう日が傾き始めていた。

17時、本日の全記録をパソコンに入力し始める。ひたすら打ち込む。

電話が鳴る。対応する。再び、打ち込む。電話が鳴る。

終業時刻の17時30分になってもまったく終わりが見えない。今日も残業だ。

某月某日　元気すぎる認知症：妄想が「自立」の邪魔をする

その日、私は県営住宅にひとりで暮らす90歳の丸山勇吉さんを訪ねた。市の介護保険課から、たびたび被害妄想めいた電話を寄越すので、様子を見に行ってほしいと依頼されたのだった。

勇吉さんは20年前に妻を亡くし、2人の息子たちは独立したという。調理師を引退したあとはシルバー人材センターに登録し、社員食堂にも長く勤めた働き者だ。背が高く、猫背で首が少し傾いているが、かくしゃくとしている。

「なんで千鶴をほったらかしにしている。俺の留守に部屋に上がり込んで、唐揚げを揚げたり、飯を炊いたりして、しゃあしゃあと食っていきやがる。駐在所や市役所に電話したが、みんな怠けて、千鶴をとっつかまえようとしない」

だんだん鼻息が荒くなり、目は据わっていた*。「申し訳ありませんが、私は千鶴さんを知らないんです」そう答えるのがやっとだった。

目は据わっていた
別の日に訪ねたとき、勇吉さんは戦争体験を語ってくれた。少年志願兵だった彼と仲間たちは上官から死を強要された。「死ね、死ねと言われて、本当に死んじゃった者がいた」と勇吉さんは憤った。そのときの彼の目もやはり据わっていた。

その数日後、今度は県営住宅に住む高齢の女性から、飯田千鶴さんの相談にのってほしいと頼まれた。勇吉さんが言っている女性だとピンときた。

千鶴さんはその女性に伴われて、事務所に来た。ふっくらした頬をした愛らしい感じの人だ。

「勇吉さんに泥棒と呼ばれ、近所の人たちから変な目で見られています」つぶらな瞳から涙がこぼれ落ちた。「この人は知的障害を持っていて、お気の毒なんです」と女性が千鶴さんの背中をなでながら私に説明した。

千鶴さんは43歳。20歳年上の男性と県営住宅で暮らしている。その内縁の夫の友人が勇吉さんだった。家族ぐるみのつきあいになり、元調理師の勇吉さんは天ぷらやエビフライなどを作っては千鶴さんたちをもてなした。

しかし、その後しばらく交流が途絶えていたのが、勇吉さんは道で千鶴さんとばったり会ったとたん、「俺の留守に上がり込んで勝手にメシを食いやがって」と怒鳴り散らすようになったという。90歳をすぎて勇吉さんの認知機能は問題をきたしたのだろう。

私は妄想に苛(さいな)まれる高齢者を何人か知っていた。70代半ばでひとり暮らしの女性から、「上の階に住む人が一晩中、電波を送ってくるので一睡もできない」と相談されたときは、精神科に一緒に行った。「妄想性障害*」と診断を受けた。医師は「部屋を変わっても妄想は消えません」と説明した。薬を処方され、毎月、通院しているが、妄想の苦しみは今も消えない。

千鶴さんを担当する市の障害者福祉課の保健師に電話をかけたが、こまかな対応はしてくれず、結局もっとも身近にいる私が、勇吉さんを見守り、千鶴さんを慰め、励ますことになった。

地域包括支援センターの仕事は実際のところ「なんでも屋」でもある。どこからどこまで何をやればよいかという厳密な決まりはなく、こうしたケースの扱いなどはケアマネの裁量によるところが大きい。

脳神経外科クリニックで診断を受けた勇吉さんは、ＭＲＩ検査で前頭葉の萎縮が認められ、「認知症」の診断*を受けた。

私は介護保険の申請の手続きを代行し、勇吉さんは「要介護２」の認定を受けた。施設入所も考えられたが、しばらく様子を見ることになった。

妄想さえなかったら、勇吉さんは自立した高齢者だ。買い物に行き、掃除、洗

妄想性障害
ひとり暮らしの人の不安や孤独と関係しているのだろうか。団地に住む別の高齢者は「隣の人がガス自殺を企てている。巻き添えをくらって死にたくない」と悲愴な表情で訴え続けていた。

「認知症」の診断
医師による診断はこうだった。勇吉さんの短期記憶は著しく低下しているが、昔の記憶は鮮明だ。ふとした折に、千鶴さんが勇吉さん宅で食事をした思い出がよみがえり、今、起きたことのように錯覚するのではないか。

濯をして、毎日、調理をする。力もあり、体調も安定している。生活はちゃんとできているのに、なぜか妄想だけはふくらむ。

千鶴さんへの攻撃は日増しにエスカレートしていった。毎日、千鶴さんの部屋の前まで行き、扉を叩き、「ドロボーは親元に帰れ！」と大声を発するようになった。行動力があって、元気すぎる。どんどん動けてしまうから、余計に厄介だった。

数週間後、千鶴さんから電話がきた。

「さっき勇吉さんが家に来たので、うちの人が殴りました。勇吉さん、倒れちゃいました。そのあとうちの人、『おまえも出て行け』って私を蹴るんです」

泣きじゃくる千鶴さんの声に男の罵声が重なった。

私は障害者福祉課に電話をかけ、応援を頼んだ。17時をすぎていて、退庁時刻なので今日は行けないという返事だった。駐在所の警察官*の携帯にもかけたが、「今日は非番で」という申し訳なさそうな声が返ってきた。

仕方ない。放っておけないと思った。私は夕暮れの県営住宅に向かって自転車を走らせた。

駐在所の警察官
団地の中の駐在所で奥さんと赤ちゃんとともに暮らしていた朴訥な青年。彼もまた「なんでも屋」であり、しょっちゅう地

千鶴さん宅に着くと、すでに勇吉さんの姿はなかった。インターホンを押すと、小柄で痩身の初老の男が現れた。彼の背後から千鶴さんが現れ、「岸山さん、うちの人が私を許してくれましたので、もう大丈夫です」と頭を下げた。涙でテカテカになった頬が光っていた。

その３カ月後、勇吉さんは行方不明になって路上でうずくまっているところを通りがかりの人に発見された。認知症がかなり進行しているのは明らかだった。

勇吉さんの長男は老人保健施設*に入所させることを決めた。勇吉さんは最初、拒否していたが、なだめられて、やがて受け入れた。

勇吉さんの希望は最後まで在宅の暮らしだった。妄想さえなければ、それは十分可能だったのだ。しかし、周囲の人や千鶴さんのことを考えると、施設入所の選択しかなかった。

利用者の問題を前にして、ケアマネにはいくつもの〝解決策〟が浮かぶことがある。

そのうちのどの方法をとればいいのか、それは利用者のためか、その家族のためなのか……正解のない選択肢をいつも探しまわっている。

域に持ちあがる、わけのわからない騒動に振り回されているようであった。団地の見守り訪問をしており、気の毒な高齢者がいると、私に紹介してくれた。

老人保健施設
介護保険が適用になる施設のひとつ。病院と自宅とを結ぶ中間施設の位置づけで、要介護１から利用できる。要介護３以上の人が対象の特別養護老人ホーム入所までの待機施設として利用されることが多い。勇吉さんは要介護２だったため、比較的、入所期間を長くしてくれる老人保健施設に入所し、特別養護老人ホーム入所を待つことにした。

某月某日「ふつう」になりたい：職を探す旅

41歳になるまで、私は非正規の職場を転々としてきた。

勝手に自己判断してはいけないと言われるし、診断を受けたわけではないものの、おそらく私は注意欠如・多動症（ＡＤＨＤ）の不注意優勢型のグレーゾーンだと思っている。きっと軽度の学習障害も併せ持っている。

小学生のころ、とにかく勉強ができなかった。通知表は「１」ばかり。なかでも算数ができない。足し算、引き算、かけ算は何回やっても間違う。文章題はさらにできない。

時計が読めない。* これは今でも苦手だ。認知機能のテストで「10時10分のときの針の位置を書いて」というものがあるが、じつは私もとっさには書けない。焦るとまごつく。

授業中、家族で観に行った映画のシーンばかり頭に思い浮かべていた。あの映

時計が読めない 目覚まし時計が正確に読めないから、時計を見て5時だと思って起きて身支度を始めて、もう一度確認したら4時だったり

画には子役は登場しなかったが、もし登場するとしたら私が出たい。あのシーンではこういうセリフをしゃべろうなどと、しようもない空想ばかりしていて、先生の言葉がひとつも耳に入ってこなかった。加えて、運動神経が鈍く、手先は超不器用だった。尋常小学校しか出ていない母が心配して、*私につきっきりで算数や国語、理科、社会を教えてくれた。

学校は嫌いだったが、おもしろい出来事に遭遇すると、やたらに張りきった。小学６年のある夏の日、私の通う小学校でプールが完成した。プール開きの日、私は水着になっていると思い込み、体操着のまま喜び勇んでプールに飛び込んだ。プールサイドに集合した全校生徒がどよめいた。

なんとか高校に入学できたが、相変わらず、誰もが簡単にできることができなかった。小中までは許容されていたことが、許されなくなった。カバンや机の引き出しはゴミであふれ、身だしなみが整えられず、学校で一番汚い*と言われた。教師に叱責され、クラスメイトに不審がられることで、つねに緊張していた。いつも迷子になって途方に暮れているような心情に悩まされ、どうしようもない生きづらさを抱えていた。

する。右と左が瞬時に判断できず、しばらく考えてしまう。これは今でもそうなので困ってしまう。

母が心配して
実父は私が生後半年のとき、事故死した。４歳のとき、母は私を連れて再婚した。育ての父はスレートで屋根を作る実直な職人だった。私と実子である妹をかわいがってくれた。

学校で一番汚い
靴紐が結べないだけでなく、あらゆる紐が結べないので、だらしなかった。力加減の調整が苦手で、物を乱暴に扱い、落としたり壊したりしていた。自分が動かしたのではなく、物が勝手に動いて隠れてしまうといった感覚に悩まされた。

高校を卒業後、上京し、私大の夜間の文学部に入学した。4年間、生活協同組合のアルバイトで下宿代や生活費を自力で稼いだ*。

大学時代に「学習障害」という言葉を知った。そういう症状があることを知り、これまでの自分の〝できなさ〟に説明がついたような気がして嬉しかったのを覚えている。

20歳をすぎてから、森田療法*を知った。本を何冊も読み、不安神経症の症例と改善例を自分自身にあてはめ、実践しようと決めた。森田療法は、とにかく外へ出て行き、人と交流することを勧めていた。

日中の労働も夜の授業もすべてが生活訓練の場になった。

必死の思いで卒業にこぎ着けたが、オイルショックという時代背景もあり、就職試験には落ち続けた。

故郷の静岡に帰った。雇ってもらえたのは「清水ハワイ観光」だった。社内報を作成したり、ホステスさんの子どもたちの世話をした。

母と妹の3人暮らしの生活で、もっと稼ぎたいと思い、昼は印刷所で和文タイプと製本作業のアルバイトに精を出し、夜間はキャバレーの託児所と、ダブル

自力で稼いだ
大学在学中に、育ての父が胃がんを発病し、半年後にあっけなく亡くなった。私は自力で生活費すべてを稼がねばならなくなった。

森田療法
1920年、森田正馬（まさたけ）が開発した精神療法。私は森田正馬と後継者の岩井寛の著書を読み込んで、自分なりに応用して日常生活に取り入れた。私の症状は心配と不安に苛まれ、人前で手が震えるといったものだった。森田療法を実践していくうちに症状は和らいだ。

ワークにフル回転した時期もあった。

28歳で学生時代の友人と結婚し、埼玉で暮らすようになると、家事とともにアルバイトに次ぐアルバイトに追われた。20代後半から30代後半までの10年間は単純労働現場*を渡り歩いた。

アルバイト先を変えるたびに旅をしている心地になった。いろいろな個性を持った人たちと接し、さまざまな環境に順応していくことで生活力を鍛えた。「ふつう」になりたかった。

35歳をすぎたころ、何ひとつスキルを身に付けられないのはさすがにまずいと思うようになってきた。突然、明日から来なくていいと言われたり、夏休みや年末年始などで休みが増えたりすると、あてにしていた収入が途絶えた。ずっと非正規で社会保障がないのも不安だった。

夫は新宿のデパートの下請けの会社に勤め、洋服の補整の仕事をしていた。正社員で社会保障はあったが、会社の経営は思わしくなく、いつ倒産するかと心配しながら働いていた。

38歳で娘を産んだ。*

10年間は単純労働現場
航空自衛隊の基地のそば、自衛官の客ばかりの麻雀荘で雑役係に励んだ。ヤクザ者が常連の草加のパチンコ店で景品係をしたこともあれば、神田淡路町の小さな広告代理店に勤め、小学生新聞の広告を取るために東京中の企業を回ったこともある。ほかに、築地の魚河岸の業界新聞の使い走り、割烹の下働き、サウナ風呂の清掃員、接骨院の助手などの仕事をした。

38歳で娘を産んだ
この前々年、新潟県十日町市に暮らす夫の80代の母が脳梗塞で倒れた。私は病院で寝泊まりして付き添い、雪国の病院の看護助手たちを手伝った。この仕事であれば、自分にもきっとできるだろうと考えた。のちに現在の仕事に就くきっかけであった。

2年後、静岡でひとり暮らしをしていた母を呼び寄せるために35年ローン*で3500万円を借り、埼玉県K市に中古の家を購入した。

新聞の求人広告のチラシを見ていて「老人病院の介護職員募集」という文言に目を奪われたのはちょうどそんなときだった。

某月某日 おむつ交換おばさん：私のモチベーション

1994年、まだ介護保険制度のない時代だった。私は人生で初めて正規職員として老人病院に雇われた。厚生年金に加入し、自分の健康保険証にときめいた。遅ればせながら本格的に社会にデビューしたようなワクワク感を持った。

介護職員はみんな40代から50代半ばの女性たちで、院内では「おむつ交換おばさん」と呼ばれていた。医師や看護師、薬剤師、理学療法士などの専門家集団の中で介護職員は唯一、無資格の〝雑役婦〟としてヒエラルキーの最下層にいた。

看護師たちは患者の体温や血圧、脈拍の測定、点滴や経管栄養の管理、人工肛

35年ローン
静岡の実家で引っ越しの片付けをしていたとき、母は「ローンがたいへんだね。厚生年金に入れる仕事を見つけられたらいいね。年を取って路頭に迷わなければいいけれど」と、私の行く末を案じた。

門や気管切開、褥瘡（じょくそう）の処置などで忙しかった。

われわれ介護職員は医療行為ではない仕事のすべてを任されていた。80人の患者が療養する病棟を、日中は５、６人の介護職員で、夜間帯は２人で走り回った。

患者たちの大半は、食事や排泄、着替え、入浴のすべてにわたって介助を必要としていた。私は基本的な介護技術を一つひとつ身に付けていった。

身体が麻痺して動かない高齢者を抱きかかえてベッドから車いすへ運ぶ移乗介助を習い、おむつ交換やトイレに誘導する排泄援助に力を注いだ。

重度のパーキンソン病で寝たきりの小林キクさんは便意を催すと、いつも私の名前を大声で呼んだ。

「真理子さーん、真理子さーん」

同僚たちが笑いながら、早く行ってあげなよと私を促す。

キクさんは自分の排泄物の状態を確認したがった。しかし、ほかの職員はおむつにそのまますするように促す。それでキクさんは私を呼ぶのだ。

ポータブルトイレに座っても不随意運動*がやまず、上半身が跳ねるキクさんを

不随意運動
キクさんはパーキンソン病の薬を長期服用しており、その副作用で身体の一部が自分の意思とは無関係に不規則で激しい動きをしていた。寝ていても手足をバタバタさせ、顔はちょうちんのように縮んだり伸びたりした。私はキクさんが愛おしく、彼女といると自分の手の震えも気にならなくなっていた。

背後から押さえつけた。排泄が終わると、キクさんの身体を抱いて、一緒にトイレの中を覗き込んだ。キクさんは満足げにうなずく。こうしたやりとりは私のモチベーションになった。

月給は週1回の夜勤手当を入れて、手取り13万円だった。やりがいと不満が同居していた。2年勤めて、私はこの老人病院を辞めた。

夫と娘、そして母親と私の4人家族で、夫の給料は生活費に、私の給料は住宅ローン返済に当てた。その日の生活には困らなかったが、貯金はなかった。

当時は病院で介護職員の経験を積んでも、介護福祉士への道*は開けてこなかった。私には未来が見えなくなった。

介護福祉士であれば、施設では資格手当がつくと聞いた。それに希望を見いだしていた。

某月某日　夢の職業：ゾクゾクするような快感

介護福祉士への道
当時、介護福祉士になるためには、特別養護老人ホームで3年間の実務経験を積むか、専門学校に入学するか、通信教育で学ぶか、であった。介護福祉士の資格を取得すれば、給料は上がるし、資格手当もつく。こうなったら何がなんでも介護福祉士になりたい、そう決意した。

社会福祉協議会で登録ヘルパーをしながら、通信教育で介護福祉士の勉強に取り組んだ。

介護福祉士の試験に合格すると、社会福祉士の資格も欲しくなった。１年間だけ休職し、清瀬の社会福祉士養成学校*に通った。娘が小学校に入学した年だった。

「死ぬほど勉強が嫌いだったのに、40歳すぎて、やっと好きになったんだね」と母は喜んでいた。母は毎日、娘を学童保育まで迎えに行ってくれた。

社会福祉士の資格を取って、介護福祉士との合わせ技で介護業界に根を張りたいという一心だった。

学生時代はあんなに苦手だった勉強も、誰かの役に立てる、実践に使えると思えば楽しかった。家事と子育て、学習を組み合わせた日課は朝5時から夜10時まで、細部にわたってびっしりとルーティン化したものにしたため、ＡＤＨＤへの対策にもかなり効果を発揮した。

社会福祉士の資格取得後、老人保健施設で相談員として働いているときだ。２０００年4月、介護保険制度*がスタートした。同時に「介護支援専門員（ケアマネジャー）」という新しい職業が日本に生まれた。

清瀬の社会福祉士養成学校
福祉大学の3、4年分の勉強が1年間で習得できるコースで1日8時間の講義があった。20代の若者たちに交じって学んだ。

介護保険制度
介護保険制度が発足する前は、身内に介護が必要になると、家族は老人病院に社会的入院をさせてもらったり、老人保健施設に入所を頼んだり、特別養護老人ホームに申し込むために市役所に相談に行ったりした。ショートステイを利用するにしても、自分たちで施設を探して予約を入れなければならず、家族の負担は大きかった。

ケアマネジャーは、ショートステイや訪問介護、訪問看護、訪問入浴、デイケア、デイサービス、ベッドなどの福祉用具、住宅改修などのサービスを、要望と予算、要介護度、必要性に照らし合わせてコーディネートするのだという。バラバラだったサービスをひとつのパッケージにして利用者に贈り届けるケアマネジャーのイメージ*に、私は夢を感じた。

二十数年間、いろいろなアルバイトや介護の仕事を転々とする中で、私はたくさんの人たちに助けられてきた。他人が頼りだった。これからはケアマネになって、知識と情報を利用者と家族のために使う、自分が誰かの役に立てる、そう想像するとゾクゾクするような快感を覚えた。

2000年11月、第2回のケアマネジャー試験に合格した。

在宅介護を支えるケアマネが働く場所を、居宅介護支援事業所（略して居宅）という。私は老人保健施設を辞めて、介護業界大手の株式会社が経営する事業所に就職した。

しかし、〝夢の職業〟は甘くはなかった。

ケアマネジャーのイメージ
在宅の高齢者を担当し、その人たちの家を日々訪問して相談にのるという形式も、私にとっては新鮮でおもしろいものに思えた。

第2章

「老い」と「死」の最前線

某月某日

ゴミに埋もれたアルバム：アルコール依存症

ケアマネジャーとなった私*は、介護業界大手の株式会社を振り出しに、3カ所の居宅介護支援事業所で修業を積んだ。

3カ所目の事業所は、「医療法人・タンポポ会」というリハビリを専門とする病院が母体になっていた。3年間、「居宅介護支援事業所・タンポポ」で働いた。このころになると、ようやく一丁前のケアマネらしくなっていた。

2009年4月、「タンポポ会」がM市役所から地域包括支援センター事業を委託*されると、私は責任者に任命された。

私は事務所から近い距離にある県営とURの団地に毎日のように足を運んだ。団地からの相談は多かった。本人から直接、電話がかかってくることもあったが、地域包括支援センターの存在を知らない人はまず市役所に電話をかけ、相談する。すると市役所はこちらに連絡を寄越し、「ちょっと行って、見てきてくだ

ケアマネジャーとなった私
2001年、私がケアマネジャーになった年齢は47歳。ちょうどケアマネの平均年齢くらいだった。

地域包括支援センター事業を委託
市役所は市内を4カ所の生活圏域に分け、それぞれ医療法人と社会福祉法人に、地域包括支援センターの運営を委ねていた。「タンポポ会」のセ

さい」と指示するのだ。私たちは「センターは市役所の使いっ走り」と自嘲していた。

1月の終わり、午後4時をすぎていた。M市役所の介護保険課の係長からセンターに電話がきた。

「団地でひとり暮らしをしている73歳の木村隆介さんから市役所に電話がきました。首をくくって死ぬと言っています。家庭訪問して訴えを聞いてあげてください」

市役所は「相談業務」を地域包括支援センターに委ね、委託費を支払う。私たちの給料は全部、この委託費から出ている。こうして市役所の下請けをしている限り、私たちは食いっぱぐれがない。持ちつ持たれつなのだ。

私は木村さんが住む棟に自転車を走らせた。インターホンを押すと、しばらく経って扉が開いた。

「誰だ?」木村さんは陰鬱な目をして私を見据えた。

ギスギスに痩せた身体に醤油で煮しめたような綿入れ半纏をはおり、ゆるんだラクダの股引をはいていた。

ンターは市の東部に位置し、7つの町を担当していた。

「市役所の委託を受けている地域包括支援センターの職員です。岸山と申します」

「市役所に電話したら、さっそく来てくれたってわけか」木村さんは私を部屋に招き入れた。

　廊下には新聞紙や雑誌、チラシの束、靴や雪駄、傘が積み重なっていた。ゴミの間を縫って歩く木村さんの足はふらついていた。２ＤＫの部屋は足の踏み場もない。

「俺は風呂場で首をくくる。俺の死体を焼いて骨にして、北海道の姉に宅配便で送ってくれねぇかい」

「それは市役所ではできません。私にできることをご提案してもよろしいですか」綿埃でザラザラになっている畳に正座して、木村さんと向かい合った。

「死んだほうがマシ」と嘆く相談者は多い。しかし、木村さんのように荼毘に付して、遺骨を肉親に送ってほしいと言った人は初めてだ。私はむしろその言葉に救いを感じた。*

　安い料金で昼の弁当を宅配してもらうサービスを受けることを勧めると、木村

救いを感じた
思わず、「木村さん、ず

さんは「首をくくる」と息巻いていたのがウソのようにあっさり承諾した。宅配弁当の申請用紙を書きながら、木村さんにいくつか質問をした。

木村さんは高校を卒業すると故郷の北海道から上京、タクシー運転手として44年働いたことを話してくれた。結婚をし、ひとり娘に恵まれたものの、酒の飲みすぎが原因で喧嘩が絶えなかった。妻は赤ん坊を抱えて家を出た。それきり、妻子とは一度も会っていない。もっと働きたかったが、酒と競馬に溺れ、心身が衰え、63歳で引退した。そんな話まで打ち明けてくれた。もう10年もこうした引きこもり生活が続いていることになる。

１週間後、宅配弁当の感想を聞くために訪ねた。配食サービスはあくまでも、木村さんへの訪問を続けるための手段だった。開かずの扉の住人*にさせないよう、頻繁に訪問して関係を築いていこうと考えていた。

汚れた台所の流しに新品の包丁が置かれていた。

上階から水漏れがあり、包丁を持って怒鳴り込んだのだという。酒の飲みすぎで被害妄想が強くなり、狂気に駆り立てられたのかもしれない。住民に通報され、警官から説教を食らったあげく、団地の管理事務所の管理主任からは退去勧告を

いぶんロマンチストなんですね」と口走りそうになった。自分の遺骨が津軽海峡を渡るのを想像するなんて、ロマンチストでもなければ、まずしないだろう。

開かずの扉の住人
木村さんは本来、自らセンターに相談に来るようなタイプではない。年老いて職を失い、慢性疾患が追い打ちをかけると、扉を閉め切ったまま助けを求めず、団地の一室でひっそりと息を引き取る人はあとを絶たない。木村さんの市役所への電話というアクションを無駄にしてはいけないと思った。

突きつけられたという。

木村さんはアルコール依存症*で、一日一食の弁当を食べるのがやっとだ。栄養失調で肝機能も悪い。このままでは本当に死んでしまう。

木村さんの暮らしを立て直すための施設を探してあげたいと私は考えた。

要介護認定の申請をし、認定調査員の訪問時にも同席した。主治医意見書を書いてもらうために、木村さんを団地のクリニックに連れていった。

「要介護2」に認定されたものの、施設探しは難航した。身元保証人*がいないことがネックになった。私はほうぼうの施設に電話をかけては断られ続けた。

私が訪れるたび泥酔した木村さんは食ってかかってきた。誰とも接することもなく一日中家の中に引きこもっている。私とのやりとりだけが他者とのコミュニケーションなのだ。早くなんとかしなければと焦った。

冬がすぎ、春がきた。にっちもさっちもいかないと絶望的な気持ちになっていたとき、一筋の光明が射しこんできた。

ある介護サービス会社が市内にサービス付き高齢者住宅をオープンさせた。藁をもつかむ気持ちで連絡を取ると、木村さんの年金14万円を考慮し、月額10万円

アルコール依存症
木村さんは自分自身がアルコール依存症などとはまったく認識していなかった。それがこの病気の恐ろしさだと私は思った。

身元保証人
施設入所にあたっては身元保証人がいないことが大きなネックになる。身寄りのない高齢者は増えていて、そうした人のために、民間に保証会社があり、身元保証サービスを提供している。しかし、まとまった費用がかかるため、木村さんは依頼できなかった。

で入居できるように対応してくれた。身元保証人がいなくてもいいという。

残るはゴミ屋敷の片付けだった。知り合いの遺品回収業者*に頼み込み、引き受けてもらった。業者が部屋を確認すると、ゴミはおよそ6トンあるという。

引っ越しの日がきた。サービス付き高齢者住宅の若い介護職員たちが本棚や整理ダンス、机などをせっせと運び出してくれる横で、私は木村さんの身の回りの物をカバンに詰め、貴重品をまとめた。木村さんは椅子にぐったりと座っていた。

6トンのゴミの片付けは午前2時に開始され、その日のうちに終了した。

翌日、確認のために玄関の扉を開けた私は目をみはった。これまでゴミに覆われて見えなかった畳や板の間、テラスが本来の姿を現している。汚れと埃がすっかり落とされ、拭き清められた部屋には、窓ガラス越しに陽光が射していた。

玄関にオレンジ色のアルバムと手紙が置かれてあった。遺品回収業者からの手紙は私宛で「木村さんにアルバムをお渡しください」と書いてある。

アルバムを開いた。

木村さんの娘と思われる女の子の写真が、1歳から1年ごとに26枚貼ってあった。その一枚一枚にボールペン書きで説明がついていた。

知り合いの遺品回収業者
2人組の70代の男性で、彼らは「木村さんの身体が早く治りますように」と祈ってくれた。スピリチュアル系の人たちで、ある人からは多くもらい、ない人からは少なくもらうを実践していた。6トンのゴミの処理費用24万円という見積もりを10万円にまけてくれた。

《1歳　パパと別れて鳥取に来ました。
2歳　チャボのピー子が妹でした。
3歳　このころになると、『お友だちにはパパがいていいな。なぜ、梨紗にはパパがいないの？』と、お友だちの家から泣いて帰って来ました。
4歳　さみしそうな目をしていました。》

木村さんの面差しを宿した梨紗さんは、育っていくにつれ、こぼれるばかりの笑みが美しさを増すようになっていった。

《21歳　短大を卒業して東京で就職しました。》

社会人になると、髪をばっさり切り、キャリアウーマンふうの女性に成長していた。

「パパ、元気でね。いつか会いたい」との言葉でしめくくられている。日付は1997年6月21日。*

アルバムの最後の日付から、この時点ですでに18年がすぎている。そしてこの

日付は1997年6月21日　木村さんがサービス付き高齢者住宅に入居したあと、北海道のお姉さんから私に電話がきた。木村さんがお姉さんに電話を入れ、私のことを知ったという。やりとりの中で、このアルバムを木村さんに郵送したのはお姉さんであることがわかった。娘さんから写真をもらい、お姉さんが彼女の話を聞

アルバムもまたゴミの中に埋もれていた。

一度も会うことなく、写真だけで娘の成長を見守ってきた木村さんにとってこの18年の歳月とはどんなものだったのだろう。私はアルバムを持ったまま、しばらくその場に佇んでいた。

某月某日 息子には仕事がない：父親がいなくなったら…

URの管理事務所から電話があった。清掃員たちから最近、公園で姿を見かけない老人がいるという知らせがあったので見に行ってほしいという。

1月半ばの冷え込む朝だった。私は団地の駐在所の若い警察官と一緒に川崎昌介さんの家の中に入った*。

昌介さんは無事だったが、痩せ衰えていた。

「昌介さんはおひとりなんですか？　ご家族はどこに？」と聞くと、

「息子には仕事がない。俺の年金は10万円そこそこで4万5000円の家賃と光

き取って説明文を書いたのだという。「梨紗さんに、お父さんに会いに来てと伝えてくださいませんか」と訴えたが、お姉さんはきっぱり断った。

家の中に入った
玄関の鉄製の扉には鍵がかかっていなかった。団地では孤独死する人たちがいた。姿を見かけなくなると、家族と一緒に救急隊員が部屋に入って安否を確認する。昌介さんのように家族に連絡がつかない場合は警察官が立ち会ってくれた。

熱費を払えば、2人で食っていくのは苦しい」と言った。

昌介さんの背骨は変形し、真っすぐに立てない。74歳だというが老いさらばえて10歳は年上に見えた。昌介さんは40年間、シャッター会社で働き、妻と息子、娘の4人暮らしだった。定年退職後は、建設現場でアルバイト*をしていた。

「息子の俊成は勉強ができなくて高校に行けなかった。中学を卒業してスーパーに就職したんだが、そこも勤まらなかった。車の免許も学科試験で落ちて取れなかった。ずっと仕事探しで苦労している」

5年前に妻が乳がんで死に、娘は家を出ていってしまった。

「建設現場で掃除や片付けをしていたんだが、水をまいているときにひっくり返って、それから身体が曲がってしまった」

その日は警察官とともに彼の境遇を聞くだけで終わった。

息子の俊成君が家に戻ってきたとき、私は再び川崎家を訪ねた。俊成君は里芋のような頭をして口元をだらっと開けていた。

私は彼が自分と同じ、学習障害や発達障害を持っているのではないかと思った。

私は母に長年、訓練してもらったが、彼は訓練を受けないで生きてきたように見

建設現場でアルバイト
年金だけで暮らせない高齢者の中には肉体を酷使するアルバイトに励む人もいる。軽度の認知症状がある男性は弁当箱を洗うバイトをしていて、濡れた床に足を滑らせて転倒、骨折した。骨粗鬆症を患っていた女性はコンビニバイトでパンを運んでいるときに腰椎圧迫骨折になった。現場の事故が原因で要介護状態になってしまう高齢者たちがいる。

えた。ずっと非正規の労働現場をさまよい歩き、父親だけに頼っていることが身につまされた。

もしも昌介さんがいなくなったら、俊成君は誰にも知られず、世の中の底に埋もれてしまうと思うと恐ろしくなった。

私は生活保護の申請を提案し、昌介さんと俊成君とともに窓口に行った。ところが、ケースワーカーから安定した職業に就くようにと諭された俊成君が「探します」と答えたため、申請はかなわなかった。

俊成君はその後、店舗を回って玄関マットを交換する仕事に就いたが、日払いの金はつねにその日のうちに使い果たしていた。

私は昌介さんの棟の前を通るたびに立ち寄った。*

このままでは親子２人で共倒れになる。昌介さんに介護保険の申請を勧めた。「要介護２」の認定を受けたとき、私の脳裡にある施設が浮かんだ。

Ｆ市にある住宅型有料老人ホーム「なごみの里」だ。「国民年金だけの方でも入れます」がキャッチフレーズで、最底辺の人たちが多く入居していた。

経営者である30代半ばの小澤恵子さんは、利用者の扱いが上手だと、ケアマネ

通るたびに立ち寄った　私は親子が開かずの扉の住人になりそうで恐かった。私に相談したところでお金の問題は解決しないと思えば、私に会う意味がなくなる。人に会う気力がなくなったとき、扉は閉められ、二度と開かない。私は頻繁に訪ねることで扉が閉じていないことを確かめたかった。

ジャーや病院の医療相談員の間でも評判の人である。

彼女に来てもらった。小澤さんは昌介さんにあいさつをすると、すぐに彼の背後に回り、曲がった背中を伸ばすかのように両手で抱えた。

「今なら、まだ間に合う。筋肉もあるし、関節が固まっていない。私の施設で身体を動かしてみませんか？」小澤さんは昌介さんの顔を覗き込んだ。

「息子をここに、ひとりで置いておけない。俺の年金で家賃が払えている。俺がいなかったら宿無しになる」と昌介さんはかすれた声で答えた。

「息子さんは、おいくつ？」

「41歳」

当の俊成君はわれわれが来たのもお構いなしに、玄関脇の4畳半で口を開けて寝ていた。

「ひとりで生きていかせなさい」

突き放すような小澤さんの言葉に、昌介さんはジッと考え込んだ。

施設入所の話は進まなかった。昌介さんは俊成君のことを考えて、進むことも引くこともできずにいた。

そうこうしているうちに、私は定年退職を迎えた。あとのことを社会福祉士・橘さおりさん*に頼んだ。

退職して５カ月がすぎたころ、橘さんからメールがきた。昌介さんは家賃を滞納し、ＵＲから退去勧告を受けた。橘さんはすぐに「なごみの里」の小澤社長に連絡をした。昌介さんは覚悟を決め、橘さんの提案に従った。

引っ越しの日、小澤さんと介護職員が来てくれた。乏しい荷物をクルマに運ぶとき、俊成君も手伝った。「あなた、これからどうするの？」と小澤社長は彼に聞いた。

「俺もここを出ていく」と俊成君は答えた。

「行く当てあるの？」

「ない」

「私の施設で働かない？　安アパートだけど寮があるわ。とりあえず今夜から寝る場所と食べ物はある。あなた、お父さんの世話をしてきた。年寄りが嫌いじゃないわよね。働きながら介護の資格を取ればいい」

社会福祉士・橘さおりさん
「タンポポ会」の地域包括支援センターの中でもっとも優秀な職員で、児童や障害者の福祉にも精通していた。定年退職時、困難事例はすべて彼女に委ねた。お茶目な面もあり、「総合相談ほどやりがいがある仕事はない」と笑っていた。

そう言われて、俊成君は静かにうなずいたという。

社会福祉士・橘さんからのメールはこう結ばれていた。

「昌介さんは施設の生活に慣れてきたようです。息子さんは介護職員としてがんばって働いていているみたいです」


メールをもらった数日後の日曜、私は「なごみの里」を訪ねた。

11畳の片付いた部屋で昌介さんは椅子に座ってテレビを観ていた。声をかけたが、口をぽかんと開けて不思議そうな顔をした。私のことはもうすっかり忘れていた。それでも昌介さんの表情は柔和だった。

共有の食堂をのぞくと、黄色いエプロンをかけた俊成君が、入居者たちのおやつの用意をしてテーブルを拭いていた。

某月某日　おだっくい：一人三役のコント活動

地域包括支援センターを起ち上げて間もないころのことである。

センターの当初のメンバーは、主任ケアマネジャーと責任者を兼務する私と、40代半ばの女性看護師、30歳の男性社会福祉士の３人だった。

ある日、近所の老人会の会長が事務所にやってきて、認知症予防をテーマに講座を開いてほしいと私に依頼した。

「眠くなる話はやめてくださいよ。パーッと景気が良くって笑えるものをやってください」

センターが担当する生活圏域の老人会や自治会を回って、老人会長や自治会長、民生委員、ボランティアの人たちと顔見知りになり、ネットワーク*を作ることは私たちの仕事のひとつだった。地域で活動する人たちから、困っている高齢者の情報が入れば、一緒に協力して見守り訪問ができる。

「地域包括支援センター」という名称そのものが、住民にとってはわかりづらいと不評だった。とにかくこの名称を住民のみなさんに覚えてもらい、なじんでもらえるようにしたかった。老人会長の「笑えるものをやってください」というリクエストが私の胸を妙に刺激した。

ネットワーク
「タンポポ会」の地域包括支援センターが対象とする65歳以上の人は約6000人いた。地域の人たちが、高齢者を見守り、手助けしてくれることは、介護保険サービスでは賄えない部分のフォローになった。私たちは地域の活動家やボランティアとの出会いを求めていた。

決定的に勉強ができなかった私にとって、学校は苦手なことに満ちていた。けれども、笑いに関しては得意分野だったのだ。

私の故郷の静岡県に「おだっくい*」という方言がある。人前でひょうきんな仕草をしたり、おかしなセリフをしゃべったりして笑いを取って有頂天になる者を指す。

小学5年のある日の授業中、教師がどうしようもない人に出会ったという話をした。その最中、私はいきなり立ち上がり、すっとんきょうな声で「それって私のこと。私、私」と自分を指さした。なんとなく調子にのったのだ。するとクラスメイト全員が大笑いした。おなかをよじって笑っている者もいた。厳格な教師さえ笑っていた。得も言われぬ快感がほとばしった。

それ以来、私は「おだっくい」として一目置かれるようになった。笑われている限り、勉強のできない私は許され、仲間のひとりとして認めてもらえる。そんなふうに感じた。笑いをとるとき、高揚感に満たされた。

唐突にコントをやろうと思った。あのころに帰って「おだっくい」を再現してみたくなった。

おだっくい
「おだっくいだもんで、しょんないよ」などと言われる。あの人はおだっくいだから仕方ない、許してやろうという意。ご愛嬌者のすることは大目に見てやろうとする静岡の文化か？「おだっくい祭り」まである。

日頃、高齢者からよく聞いている好きな映画からネタを得た。「愛染かつら」「君の名は*」「喜びも悲しみも幾歳月」の名場面をパロディにしたコントを休日に書いた。

私は一緒にコントを演じてほしいと、看護師と社会福祉士に持ちかけた。最初は戸惑った2人もついてきてくれた。

2人に台本を手渡し、さっそく練習に入った。

「愛染かつら」では、上原謙が演じた津村浩三の役を私が、田中絹代が演じた高石かつ枝の役を看護師が、愛染かつらの木を社会福祉士がやることになった。

愛染かつらの木の前で、私がプロポーズをする。身分違いのために別れさせられた2人が70年後、90代になって再会するという設定だ。

「僕と結婚してください」

浩三（私）は宝塚調をまねた言い回しでプロポーズし、看護師の前に片膝でかがみ込み、片手を前に差し出す。

「いいえ、私には愛される資格はない」と逃げて行くかつ枝（看護師）。

「愛には資格などいらない。資格が必要なのは医者や看護師だ」浩三（私）は

君の名は
もともとはNHKラジオで放送されたラジオドラマ。その後、映画、テレビドラマ、舞台になった。映画では、氏家真知子を岸恵子が、後宮春樹を佐田啓二が演じ、氏家真知子のストールの巻き方が「真知子巻き」と呼ばれ、流行した。

すっ飛んで行って引き止める。

「私は総入れ歯」「私は白髪」「尿漏れする」「眠れない」「看護部長にいじめられている」……。

かつ枝（看護師）がそう断るたびに、浩三（私）は「そんなものは愛の障害にはならない」と叫び、対処法を提案する。＊

高齢者たちは最初、息を呑んでいたが、ひとりが大声で笑い出すと、次々に伝染して、思いっきり笑ってくれた。小学生のころ感じた、あの高揚感があった。ケアマネとして利用者を笑わせようなどと考えたことはそれまで一度もなかった。それがコントをやっている私はなんとしても笑わせたいと思った。笑いが少なければ落胆し、爆笑を得られれば数日間、幸せが持続した。

市の広報紙に紹介されたおかげで、ほかの老人会や公民館の高齢者学級から次々に依頼が舞い込んだ。

忙しかったので業務中にやるには限界がきた。看護師と社会福祉士は参加できなくなった。それでもやめたくなかった。

自分だけで続けていくことに決め、一人三役でやれるようにコントを作り変え

対処法を提案する
口腔ケア体操、骨盤底筋体操、朝陽を浴びながらセロトニン分泌リズム運動をみんなの前で披露する。掛け声かけて、観客にも一緒にやってもらう。

「要支援1」と「2」
要介護状態区分は要支援1と2、要介護1～5までの7段階に区分される。要介護1～5までに認定された人のケアプランは居宅介護支援事業所のケアマネが担当。要支援1・2の介護予防ケアプランは地域包括支援センターが作成する。センターは居宅介護支援事業所のケアマネに要支援1・2の人の支援を委託できるのだが、すんなりと引き受けてもらえない。1カ月のケアプラン料が約4000円と低価格なうえ、計画書やら課題分析やら書類作成が煩雑で割に合わないからだ。

た。依頼があれば有給休暇を使ってひとりで会場に向かった。ボランティアだから、すべて持ち出しだった。それでも楽しく、人の役にも立つコントには何にも代えがたい充実感があった。

しかし、舞台に熱中しすぎた私はのちのち痛いしっぺ返しを食らうことになるのだった。

某月某日 一緒に暮らしましょう：考え抜いたウソ

地域包括支援センターは高齢者のよろず相談所であるとともに、「要支援1」と「2」*に認定された人や、非該当*であっても介護予防・生活支援サービス事業の対象者になった人の支援をしている。私はこうした人たちを常時30人ほど担当し、介護予防ケアプラン*を作成していた。

団地でひとり暮らしをする沢村七重さんもそのひとりだった。

七重さんは85歳で背中が丸まって歩く力が衰えてきていたが*、自立した生活を

非該当
申請をしても、7段階の区分に該当せず、「非該当」と認定される人たちがいる。自立した高齢者というわけである。それでも、25項目の質問票で一定の項目（階段をのぼるときに手すりにつかまるとか、この1年間に転んだことがあるなど）にチェックがつけば、介護予防・生活支援サービス事業を利用できる。地域包括支援センターでは、こうした人の介護予防ケアプランも作成した。

介護予防ケアプラン
特に要支援1・2の人は、加齢によるヒザや股関節の衰えや、運動不足・栄養不良などの生活習慣によって歩行に支障をきたすことが多い。動かずにいるとさらに歩けなくなる。通所リハビリや運動ができるデイサービスに

送っていた。立ち居振る舞いにたおやかなところがあって、色白の細面の顔は上品な色香を感じさせた。

七重さんはそれまで7年間、夫の介護をしてきた。脳梗塞の後遺症で左半身に麻痺があり、腎不全で人工透析を受ける夫の世話に明け暮れてきた。夫を看取ったあと、ようやく自分の身体のことを考えるようになり、「私には頼る人がいないから寝たきりになれない」とセンターに相談をしてくれたのだった。

私は七重さんの担当になり、介護予防ケアプランを作成した。七重さんは、ひとり暮らしを維持することを目標に半日型デイサービスでの運動を開始した。私はその後、3カ月に1回は訪問して、本人の満足度をモニタリングした。

ある訪問の折、七重さんから「知り合いがヒザをケガしちゃって不自由そうだから、岸山さん、相談にのってあげて」と頼まれた。

七重さんからの依頼を受けて訪れた長谷川吾一さんはやはりひとり身で同じ団地に住んでいた。彼女より3歳年下、すらりと長身で宝田明に似ている。すっきりと片付いた部屋には三味線が三棹、紫色の胴袋に包まれて壁に立て掛けてあった。

よって、この負のスパイラルを断ち切るという介護予防ケアプランを立てるのだ。

歩く力が衰えてきて
七重さんは骨粗鬆症で整形外科に通っていた。骨粗鬆症の原因には、加齢とともに運動量や食事量の低下による生活習慣も深く関わっている。骨密度が減少し、骨がもろくなり、背中や腰が曲がり、痛みを覚えるようになる。

「ヒザはもう治りました。持病は不整脈と高血圧があるくらいで、まあなんとかやっています」

七重さんが案ずるほどのことはない。特に支援は必要としていないと私は判断した。

ただ、七重さんが心配していたと伝えると、吾一さんはことのほか喜んだ。話が七重さんのことに及ぶと、いきいきと声がはずんだ。

「七重さんは昔、芸者をしていたに違いありません。整形外科の待合室、あの人だけが涼し気だ」

2人が出会ったのは整形外科の待合室だった。「お家まで送っていきます」と彼が七重さんに声をかけたのが親しくなった始まりだそうだ。

吾一さんには隣の市に家族がいるが、妻とは別れたという。

「食品会社の営業をしていましたが、芸事が好きでしてね。家族に隠れて長年、三味線の稽古に打ち込んでいました。ある日、ついにバレてしまい、三味線をやめさせられそうになったので、それならばって家を出ちゃいました」

その日は、七重さんへのほのかな思いと、芸能と花柳界へのあこがれを聞かされた。いったいなんの相談だったのだろうと私は首をひねった。

一方の七重さんはといえば、ときおり私に「長谷川さん、ひとり暮らしが心細いようなの。たまに訪問してあげてね」と言うものの、それ以上の特別な感情は抱いていない様子だった。

しばらくして桜が満開のころ、私は偶然に桜の並木道で吾一さんに再会した。

「一緒に暮らしましょうと七重さんに伝えてみようと思うのですが……。岸山さんはどう思いますか？」

あいさつを交わすといきなりそんな質問を投げかけてきた。日々思いあぐねて相談する相手もいなかったのかもしれない。

とっさに「いいと思います」と答えてしまった。

七重さんが受け取っている遺族年金は決して多くない。もしも吾一さんの家に身を寄せたら家賃が助かる。七重さんさえよかったら同居もありだ。

でも、ちょっと無責任すぎただろうか。ほかによい答え方があっただろうか。

その日一日、私は吾一さんとのやりとりを反芻(はんすう)していた。

それから1カ月ほどしたある日、モニタリングで訪れると、七重さんが私にあ

新聞販売店
新聞販売店の配達員やヤクルトレディ、配食宅配スタッフは毎日、お客さんの家に行くので異変を発見しやすい。以前、私が担当する認知症の女性

きれ顔で言った。

「長谷川さんたら、この前突然うちに来て、玄関先で『一緒に温泉に行きましょう』なんて言うんですよ。私はドアを閉めてやったわ。人を馬鹿にしているわよね」

「一緒に暮らしましょう」が言い出せず、「温泉に行きましょう」になってしまったのだろうか。〝一緒に暮らす〟は真剣味があるが、〝温泉に行こう〟は遊び半分に思われなくもない。吾一さんが歯がゆかった。

そのときはあきれていた七重さんだったが、2人の淡い交流はそのあとも続いた。私は吾一さんとそれきり会うことはなく月日が経った。

年が明け、仕事始めの朝、新聞販売店*からセンターに電話がきた。吾一さん宅の玄関扉の郵便受けに数日分の新聞がたまったままになっているという。

あわてて吾一さんの家に走り、団地の3階まで駆けのぼった。

インターホンを押しても反応がない。嫌な予感がした。私は吾一さんから家族の連絡先を聞いていなかった。

管理事務所*に走り、事情を話して、吾一さんの長男の携帯に電話をしてもらっ

が真冬の未明、家を抜け出し、通りで転倒して動けなくなっていた。新聞配達員が駆け寄り、救急車を呼んでくれた。彼らは地域の見守りネットワークの大切な一員なのだ。

管理事務所 正確には管理サービス事務所。私たちの地域包括支援センターが担当していたURの団地の事務所には男性の管理主任が1人、女性の窓口案内者が2人いた。みんなパート勤務だが、とても優しい人たちだった。彼らのもとには住民から、「隣の家のタバコの煙が入ってくる」「カラスに餌をやっているジジイがいる」「ゴミ屋敷を片付けさせろ」などなど、たくさんの要求が寄せられ、苦労していた。彼らに自分を重ねて、私は勝手に親近感を抱いていた。

た。30分ほどして長男が現れたが、彼は吾一さんの部屋の鍵を持っておらず、救急車と消防車を要請した。

消防車が到着し、消防隊員がはしご車を出してベランダから3階の部屋に入った。窓がわずかに開いていた。３人の救急隊員が長男とともに部屋に駆け込んだ。ほどなくして、救急隊員は空の担架を抱えたまま、階段を下りてきた。吾一さんが亡くなっていたことを私は悟った。

翌週、七重さんを訪ねた。玄関の扉を開け、中に入った私の顔を見るなり、七重さんは異変を感じ取ったようだった。

「どうかなさったの？」

「長谷川さんがお亡くなりになりました。お正月に息子さんが遊びに来られたとき、急に心臓の発作を起こされたようです。息子さんがセンターに電話をくださいました」

吾一さんがひとりで死んだとは言えなかった。私は事前に考えぬき用意していたウソをついた。

「苦しんだの？」七重さんの顔が蒼白になった。

「病院で家族に看取られて安らかに眠るように、とお聞きしました」

「最後に会ってから10日くらいしか経っていないのにね」

七重さんはちょっと声を詰まらせたあと、

「最後にうちに来た日、長谷川さん、『一緒にクリーニング屋やりましょう』って私を誘ったのよ。『何を藪から棒に。私にできるわけないじゃない』と言ったら、『私が力仕事をやります。そばで見ていてくれるだけでもいいいんです』ですって……」そう言って、目を伏せた。

結局、最後まで「一緒に暮らしましょう」は言い出せなかったのだ。

某月某日 がん治療：最期の迎え方

「70歳の男性で、おひとり暮らしです。直腸がんの手術を受け、人工肛門を造設していいます。退院後は速やかに訪問看護や訪問介護のサービスを利用し、在宅サービスを整えてください」と、大学病院の医療相談員からセンターに電話で依

頼がきた。

病室を訪ねた私に向かって、「人生初めての入院だった。さっさと家に帰る」栗本茂樹さんはベッドから起き上がり、開口一番そう言った。

彫りの深い顔立ちで眼光は鋭い。顔のシワは深く刻まれ、白髪はピンピン立っている。ハリソン・フォードに似ていた。

私が介護保険の説明をすると、「そんなものはいらない」とぶっきらぼうに突っぱねたものの、介護認定申請に関しては同意をしてくれた。

栗本さんは二十数年前に離婚をしており、元妻は長男家族と暮らしていた。手術のとき、立ち会った長男は「今後、いっさいこちらには連絡はしないでください」と医療相談員に言ったという。キーパーソン*不在である。

私は栗本さんの長男に何度か電話をしたものの、「死んだときは行きます」と返された。

退院後、私は県営住宅に暮らす栗本さんを訪ねた。部屋には最低限の家財があるだけだった。

「俺の入院中に息子が家のもん、全部捨てちまった。もう酒や煙草、コーヒーも

キーパーソン
配偶者や子どもたち（時には兄弟姉妹、甥や姪、孫）の中で、本人にとって一番身近で頼りになる人物を指す。家族の意見を取りまとめ、介護方針を決める。離婚や独身などでキーパーソン不在の高齢者が増えつつある。

やめたし、サバサバしたもんだ」と声を上げて笑った。

彼はひとりでなんでもできた。バイクで買い物に行き、手早く掃除や洗濯を済ませ、台所に立って煮物やサラダ、おひたしを作った。糖尿病歴10年で食事内容には気をつけていた。人工肛門の処置やインスリンの自己注射にしっかり取り組んだ。

「こんなふうになっている」と、栗本さんはシャツをめくって腹部に作られた人工肛門を見せてくれた。四角い板が貼られ、そこに便をためておく肌色のパウチ（袋）を付けていた。便がたまると廃棄する。私に解説しながら貼った板面をはがし皮膚をきれいに拭き、新しい板と袋に交換してみせた。

「使い始めたころは便が漏れて肌がかぶれてイライラしたけどな。それももう慣れた」と、さっぱりした顔で言った。

「要支援２」の介護度が認定されたが、サービスは利用せず、人工肛門とインスリンの自己管理*を怠らず、優等生的療養生活を送った。

その後、大学病院に通院し、抗がん剤の点滴を受けていたが、副作用が激しく、投与後はしばらく布団から起き上がれなくなった。

医療相談員やケアマネが連絡をしても、「いっさい関わりたくありません」とか「死んだら連絡ください」と突っぱねる親族は意外に多い。

インスリンの自己管理
血糖値を下げるインスリンを、医師により決められた回数と分量を自分で注射する。注射のあと、食事を取らなかったり、食事量が少なかったりするとたちまち低血糖症状を起こし昏睡状態になることがある。栗本さんは細心の注意を払い、低血糖症状を起こしたことは一度もなかった。

週1回、訪問介護ヘルパーに掃除をしてもらってはどうかと私が提案すると承諾してくれた。頑強で取っ付きにくい面があるが、納得すれば、素直に受け入れてくれる人だった。

栗本さんは無口だ。余計な話はしない。奥さんや息子さんに連絡を取ってみてはとそれとなく持ちかけてみても、首を横に振るだけだった。それだけで毅然としたNOの意志が伝わってきた。年金は月に10万円ちょっとということだけは把握していた。

ある日、栗本さんはめずらしくこんな話をした。

「東京に出てきて、大学に入ったころが一番なつかしい。1966年だった」

「60年代後半は、大学紛争が激しくなかったですか?」思わず質問した。

「俺は日大だった」

「じゃあ、すごかったんじゃないですか。日大闘争を見物したんですか?」ますます興味がそそられた。

「見物どころか、やってみた。俺は日大全共闘だよ」

いつもは鋭い眼光が和らぎ、いたずらっぽい顔つきになった。

「私にも日大全共闘の友だちがいました」

私は自分と栗本さんの共通点*を探り当てたような気分になった。嬉しかった。

栗本さんを担当してから2年が経ち、病状は悪化の一途をたどった。がんは胃と肝臓に転移した。

栗本さんは「要支援2」だったので、モニタリング訪問は3カ月に1回でよかったが、訪問介護ヘルパーから苦しげだという報告を受けるたびに私は栗本さんを訪ねた。ただ病状を聞くことしかできなかったが、彼がひとりで暮らせなくなったときは次の対策を立てようと思っていた。

栗本さんは電車とバスを使って大学病院に通院し、4時間もかかる点滴での抗がん剤治療を受け続けていた。抗がん剤治療の翌日、私が部屋をのぞくと、布団にぐったり臥せっていた*。

決して弱音を吐かない栗本さんだったが、私が訪問介護の回数を増やし、週1回の掃除だけではなく、買い物と調理の援助の追加を提案すると、受け入れてくれた。通院には福祉車両を利用することにも同意してくれた。しかし、訪問看護の導入については「俺の治療は俺ができる。俺が主治医だ」と拒んだ。彼は糖尿

共通点
私は１９７２年に私大の文学部の夜間部に進学した。日大とともに学生運動の拠点で、私が入学当時、自治会は新左翼の党派に占領されていた。学生たちがキャンパス内で竹槍を使った武闘訓練をしたり、殴り合いをしたり、牛乳瓶で作った火炎瓶を投げ合ったり、長椅子が空を飛んだりした。青春時代という理由だけでなつかしい。

ぐったり臥せっていた
抗がん剤治療の副作用で、寝ていても起きていても身の置きどころのない倦怠感に苛まれていた。激しい吐き気に襲われ、何も食べられないこともあった。

病のインスリン自己注射を10年近くやってきたし、脳梗塞後に生じた軽い麻痺を克服した経験があった。自己管理で病状をコントロールできるという成功体験を持っていた。

訪問介護を週3回にしたが、しばらくすると、居心地悪そうに「週1回に戻してくれ。まだ自分でやってみたい」と断った。

栗本さんは訪問介護ヘルパーたちから愛されていた。いかめしく無骨だが、ヘルパーの支援に対してケチをつけなかった。そしてときおり垣間見える笑顔にかわいげがあった。こんな人はヘルパーに人気がある。

「無理せずに任せてほしい」と彼女たちは申し出たが、彼は笑って首を振っていた。

ある日の夜中、ふと目覚めた私はなぜか栗本さんの姿を思い浮かべていた。この時間も彼は冷え切った浴室で寒さに震えながらパウチからあふれ出た排泄物の後始末をしているのかもしれない。そんなことを考えて眠れなくなった。

栗本さんは抗がん剤の副作用にあえぎながらも、腐らず、投げ出さず、セルフケアに励み続けた。

それでも彼の抗がん剤治療は暗礁に乗り上げた。大事な局面でなんの力にもなれないのが悲しかった。

私は抗がん剤治療を継続し、往診をしてくれ、望めば入院できるホスピスの情報を提示した。

一方で私は何度となく長男に電話をかけ続けていた。そのたびに彼は「死んだときは行きます」を繰り返したが、二度と電話を寄越すなとは言わなかった。栗本さん自身が電話をすれば新たな展開が期待できるかもしれない。

「栗本さん、奥さんと息子さんに連絡を取ってください」今度ばかりは強く言った。

「ああ、そうする」栗本さんは真剣な表情でうなずいた。

半年後、栗本さんはホスピスで亡くなった。最後の数カ月、奥さんがよく面会に訪れるようになった。２人の姿は穏やかな仲睦まじい夫婦に見えた。

某月某日　**認知症棟**：脳裡に刻まれる母と娘

担当している利用者の佐藤さんが老人保健施設に入所することに決まった。92歳の女性で、ひとり暮らしをしていた。転倒して腰椎圧迫骨折を負い、歩けなくなった。2カ月間入院生活を送っていたが、在宅復帰は厳しいと家族が施設入所を選んだのだった。その日、老人保健施設の相談員から私に電話がきた。

「佐藤さんは来月3日、認知症棟に入所が決定いたしました」

「一般療養棟にしていただけませんか？」反射的に私は頼んでいた。

「認知症棟に入所したら、佐藤さんは完全に歩けなくなってしまいます。私物を取り上げられ、ほかの入所者と一緒に一カ所に集められて車いすに座りっ放しにさせられてしまうんでしょう」つい抗議口調になっていたかもしれない。

「いつの時代のことを言っているんですか。そんな身体拘束など、今時やっていませんよ」と相談員はぶ然とした口ぶりになった。

彼女の言葉にひと安心して受話器を置いた。

なぜそんなことを口走ってしまったのか。1999年当時、老人保健施設の相談員として見た認知症棟が脳裡に深く刻み込まれているからだ。特に忘れられないのは田中春さん、香苗さん母娘だった。

春さんの息子が、母親の春さんと妹の香苗さんを連れて、施設に訪れた日のことを鮮明に覚えている。当時、その老人保健施設の相談員だった私は3人と面談した。

90代半ばの春さんは、小太りの身体を車いすに深くうずめていた。じっと身動きもしない様子は森のふくろうを思わせた。母娘とも黒いネットを頭にかぶっていた。

「終戦後、妹は精神病を発病し、精神病院で脳を切り取られました*」

息子さんが訥々(とつとつ)と説明してくれた。

息子さんは大学卒業後、銀行に就職し、両親は香苗さんを大事に守って暮らしてきた。息子さんは定年退職し、子どもたちも独立したので、5年前に春さんと

脳を切り取られました
終戦直後は日本でもロボトミー手術が行なわれていた。精神疾患の人の前頭葉の一部を切断する。アメリカ映画「カッコーの巣の上で」を観て衝撃を受けた。ジャック・ニコルソン扮する陽気で魅力あふれる主人公がロボトミー手術を受けさせられ、生きる屍になる。香苗さんは私が初めて出会ったロボトミー手術患者だった。

香苗さんを呼び寄せた。しかし、彼の奥さんは体調を壊し、春さんが大腿骨を骨折して歩けなくなり、誰も香苗さんの面倒をみることができなくなった。香苗さんをこちらの施設で預かってくれないかという。

老人保健施設は、病院と自宅とを結ぶ中間施設の位置づけであるが、特別養護老人ホームの待機場所として利用されることが多かった。それは1999年当時も現在も変わらない。

私が勤務する施設は、2階は一般療養棟で、3階が認知症棟だった。80代の医師がひとりで2、3階合わせて100人の入所者の病気を管理していた。

施設内を案内したあと、玄関まで3人を見送ったときだった。春さんがいきなり、私の手首をつかんだ。強い力がこもっていた。「娘と一緒に、私もここに入れてください」とかすれた声を絞り出した。

私は母娘を一般療養棟に入所させてあげたかった。けれども、入所判定会議で認知症棟が適切と判断された。

3カ月後、空床ができて、2人は入所した。4人部屋にはベッドが置かれているだけでほかには何もなかった。カーテンのない窓から殺風景な土手が見えた。

収集癖がある入所者がいるため、衣類や日用品はすべて介護職員が預かっていた。カーテンがないのは、引き千切られてしまうからだ。日中、部屋には誰もいない。

50人の入所者は看護師と介護職員のステーションがあるホールに集まっていた。看護師も介護職員もぎりぎりの人数でやっていたので、入所者はステーションのカウンターから見渡せる範囲内に集められていたのだった。

多くの入所者は座りっ放しにさせられていたが、落ち着かなげにホールや廊下を歩き回る人たちもいた。痩せ細った女性が憂うつそうに眉をひそめ足音を立てずに歩いているかと思えば、身体を右に傾かせながら、速い足取りで歩く男性は、こぶしを握りしめ、「ぶっ飛ばすぞ」と口走っていた。そうした人たちはトイレに誘導しても拒否するため、介護職員たちは通路のかげで立たせたまま、おむつ交換をした。これがその当時の認知症棟の実情だった。

春さんと香苗さん母娘は、家族だけの静かな暮らしから、怒ったり、叫んだりする人たちがひしめく場に投げ込まれた。

それでも2人は、もうずっと前からそこにいた人のように動じなかった。ホールの隅、春さんの車いすのかたわらで、香苗さんは影のようにひっそりと椅子に座っていた。2人ともほとんど会話を交わさなかったが、仲良く寄り添っている雰囲気が漂っていた。

誰に対しても、まったく反応を示さず、言葉を発しない香苗さんだったが、母の言うことはよくきいた。ときおり春さんは香苗さんに耳打ちした。すると香苗さんが車いすを押してトイレに向かった。香苗さんはトイレへ行くと、春さんを抱き起こして便座に座らせた。

母娘の間柄は、私と母*に似ているように感じて、認知症棟に行くと、私は2人の姿を目で追った。春さんが香苗さんを見る目はつねに限りなく優しく愛情にあふれていた。

2人が入所して半年が経った晩秋のある日、春さんは朝食を食べられなかった。発熱していたので、高齢の医師が診察し、抗生剤を飲ませた。香苗さんは春さんのベッドのわきに置いた椅子に座り、ずっと付き添った。

3日後の朝、春さんの意識が遠のいた。医師やほかの介護職員たちも駆け付けた。春さんが息を引き取ったとき、香苗さんは春さんの身体にすがって「お母さん」と泣きじゃくった。私は香苗さんが感情をあらわにするのを初めて目にした。

私と母
私の母も小さなころから私をかわいがってくれた。勉強がまったくできないわが子を哀れむ気持ちもあったのかもしれない。母は、私が小学3年のころ、ゴムまりつきを教えている最中に転倒し、左腕を複雑骨折した。そのときの手術での輸血が原因でC型肝炎に感染した。春さんと香苗さん母娘を見ていると、母のことが思い起こされた。

職員が春さんの身体を拭き清め、洗った浴衣に着替えさせた。

初七日が終わったころ、実家に帰っていた香苗さんが認知症棟に戻ってきた。

私が香苗さんに会いに行くと、彼女は廊下の隅に置いた椅子に所在なげに座っていた。

「お母さんがいなくてさびしいでしょう」と私は思わず聞いた。

香苗さんは驚いたように目を見張った。「それがね、お母さんはお家に帰ったのよ」と答えた。抑揚のある優しい声だった。

某月某日　愛の（？）キーホルダー：迎えに行くのは誰？

担当地域の民生委員*から、気がかりな高齢者がいるので一緒に訪問してほしいと頼まれた。

高橋源太さんは整備士として働いていた。

「奥さんや子どもさんは？　連絡を取っておられますか？」と尋ねる民生委員に

民生委員
民生委員は担当地域の高齢者の問題が起きると、私たちに相談をしにきてくれた。一緒に高齢者宅を訪問することもあれば、民生委員だけで見守りを続けてくれる場合もあった。ボランティアの立場でよくここまで親身になれると感心することが多かった。

対し、彼は「どこにいるかわかんねぇ」と答え、「埼玉の冬はいいな*」と話をそらした。高橋さんは300坪の土地を借りて、そこにプレハブ小屋を建てて暮らし、広い土地にトラクターやユンボを運び込んでは修理をしていた。だが、最近は注文が減っているようで、民生委員は生活苦を案じていた。

生活保護の申請を勧めると、

「俺には仕事がある。もらってない金がある」

高橋さんは指を丸めてお金の形にした。

彼はこんな話をした。数年前、中古の建設機械を中国に輸出する会社の仕事を請け負っていた。そこの社長から、7000万円分の仕事をしたことにして、架空の領収書を発行すれば、350万円の謝礼を支払うと持ちかけられた。高橋さんはその話に乗った。が、約束は反古(ほご)にされ、高橋さんは多額の税金だけを支払う羽目になった。

「俺は350万円を奪い返す。金を出さなかったら、奴を殺して俺は刑務所に行く」

民生委員はその話を聞き、深刻な表情になってうつむいてしまった。

埼玉の冬はいいな 冬、天気の良い日は、敷地内に置いた椅子に座って、日差しを浴びていた。プレハブ小屋の中のほうがよっぽど寒かったのだ。埼玉の冬は晴れの日が多い。

私たちが帰るとき、高橋さんは犬と一緒に外に出て見送ってくれた。

それから3年の歳月が流れた。

本来ならば、高橋さんを見守りの対象者*に位置づけ、定期的に訪問したり電話をかけて安否を確認したりする必要があった。けれども私は彼を見守りの対象者リストに入れなかった。高橋さんの暮らし向きは貧しげだが、それでも整備士の仕事に取り組んでいて、こちらが何を言っても聞き入れないだろうと思ったのだ。要するに私の怠慢である。

新しい民生委員が高橋さんのことで再び、地域包括支援センターに相談に来た。高橋さんは仕事関係で自転車に乗ってほうぼう駆け回っているが、最近、迷子になることがよくあるという。迷子になると携帯から近所の人に電話して、「迎えに来てくれ」と頼むのだそうだ。

対応した社会福祉士は市役所へ行き、介護保険課で「愛のキーホルダー」を発行してもらった。縦5センチ、横2センチほどのアクリル製のキーホルダーには市の名称と電話番号が記されている。高齢者が身につければ、その人が徘徊して

見守りの対象者
地域包括支援センターは、ひとり暮らしや高齢者世帯の中でも、重い疾病や認知症、事故、困窮などのリスクを抱える人の実態を把握する業務を担っている。その中には、どの制度にもサービスにもつながらない人がいる。そうした人たちの孤独死などのリスクを回避するようコンタクトを取り続ける。見守りの対象者リストを作成し、定期的に電話かけなどをして安否を確認していた。

も、キーホルダーに気がついた人が市役所に通報できるという仕組みだ。

高橋さんが首からぶら下げている携帯電話にキーホルダーをつけた10日後のこと。夕方、市役所の介護保険課から電話がかかってきた。

「高橋源太さんが東京ビッグサイトで保護されました。迎えに行ってください」

経緯は不明だが、高橋さんは展示場をうろつき回っていた。警備員が呼び止め、キーホルダーを見て、市役所に連絡をしてきたという。

市は医療法人や社会福祉法人に地域包括支援センターの運営を委託している。委託金（税金）を投入しているのだから、役所の要望に応えろという意向はよくわかる。

しかし、ここから東京ビッグサイトまでは100キロ近く離れている。私たちセンターの職員は4人。みんな昼間の訪問でクタクタに疲れ切っている。終業時刻が迫ってきているこのタイミングでそんな場所まで迎えに行く余力はない。

それにしても、なんの用があって高橋さんは東京ビッグサイトまでのこのこ足を運んだのだ。人騒がせな。彼をいまいましく思う気持ちも突き上げてきた。

「介護保険課の職員さんが行っていただけませんか」

私は介護保険課係長に言い返した。そっちは人数がたくさんいるではないか。

「愛のキーホルダーの発行の申請をしたのは、そちらのセンターの社会福祉士でしょ。責任を持って迎えに行ってください」

係長の語気は鋭く、有無を言わさぬ雰囲気があった。

「市役所がキーホルダーを発行しているんです。発行元としての責任を取ってほしいのですが……」

「発行元の責任などありません！」

ついに係長は怒り出した。

「責任は発行を求める申請者にあります。市役所は徘徊する高齢者と、その高齢者を捜す家族をつないであげる役目を担っているだけです。迎えに行くのは市ではなく家族です。今回、高橋さんの家族代わりになって、そちらの社会福祉士がキーホルダーを身につけさせたのですから家族代理として迎えに行ってください」

「見守りの温かい街づくり」だの「ぬくもりに満ちた絆づくり」だの、市役所は市民に向けてキャンペーンを行なっている。あのスローガンはいったいなんなのだ。愛のキーホルダーなんてポーズにすぎない。そんな気持ちが湧き上がってきて、私は押し黙った。

しかし、それにしても今ごろ、東京ビッグサイトの警備員は迎えの者の到着をいまかいまかと待っているだろう。

「警察のお世話になりましょう」私は苦し紛れの打開策を口にした。

係長が東京ビッグサイトに連絡して、警備員に高橋さんを身元不明者として警察に引き渡すことを依頼し、私が警察と交渉をすることになった。

高橋さんが東京湾岸警察署に到着したころを見計らって電話をかけた。

「私、運転がものすごく下手で、特に夜に弱いんです。明日、必ず電車で迎えにまいります。高橋さんを今晩一晩だけ、そちらに泊めていただけませんか」

そう頼むと、防犯係の担当者は「私たちが送ります。住所を教えてください」と答えた。受話器を置いたとたん、頭に「踊る大捜査線」のオープニング曲が流れた。織田裕二みたいな刑事が高橋さんをプレハブ小屋まで送ってきてくれるのを空想した。これでいいのだ。もう介護保険課係長と不毛な言い争いなどしなくて済む。まずは一件落着して、大きな息をついた。

翌朝、高橋さんを訪ねた。3年ぶりに見たプレハブ小屋はひしゃげて敷地内の光景は不法投棄現場*みたいな様相を呈していた。犬はもういなかった。

「東京ビッグサイトではトラクターの展示でもありましたか?」高橋さんのプライドを傷つけぬよう、冗談めかして尋ねた。

「わからねぇ。俺は酒でも飲みすぎたんべか?」

何ひとつ覚えていなかった。胸元にはひもで吊るした携帯電話がぶら下がり、そこに愛のキーホルダーが日差しにきらきら光っていた。

高橋さんはぽつぽつ語ってくれた。家に帰りたくて自転車で走っていたら、見知らぬ街でクルマにぶつけられた。路上に投げ飛ばされ、自転車はつぶれた。仕方なく歩き出した。必死で歩き続けてぶっ倒れた。気がついたときは小屋にいた……。

高橋さんの認知機能が相当衰えていることを私は知った。

昨日、彼をいまいましく思ったことや介護保険課の係長と責任をなすりつけ合ったことを恥じた。

不法投棄現場
300坪ほどの敷地内には、巨大なタイヤが積み上げられ山を形作り、山の周りに黄色いブルドーザーの残骸や道路標識、ドラム缶などが置かれてあった。誰かが投げ捨てていったであろう錆びた冷蔵庫や洗濯機、自転車、物干し台があり、眺める角度によっては前衛芸術家の野外展のおもむきすらあった。

さらにこの3年間、訪問もせずほったらかしておいた怠慢を高橋さんに詫びたくなった。

某月某日　終の棲家：大家との対決

その出来事の翌週のことだ。高橋さんが借りている敷地に隣接して建っている家の男性が「高橋さんの左腕が動かなくなっている」と、センターに電話をくれた。この3年間の空白を埋め合わせるように、私はすぐに立ち上がった。

私は高橋さんをクルマに乗せて、病院へ行った。整形外科の待合室の長椅子に座ると、高橋さんはものめずらしげにきょろきょろあたりを見回した。

「埼玉は都会だべ。岩手はこんな夜遅くまで病院はやってねぇ」

「岩手のどこから、こちらに来たの?」と私が聞くと、

「うーん」としばらくうなっていたが、「そうだ。水沢だべ」と発し、「俺は水沢定時制高校を卒業した」と、思い出すことができて、ほっとした顔になった。

「結婚はいつですか？」「子どもさんは何人？」

診察を待っている間、私は矢継ぎ早に質問をした。

高橋さんは言葉に詰まった。

「男2人……かな」ずいぶんと自信なげだった。

「奥さんや子どもさんの居場所はわかりますか？」

記憶を手繰り寄せている顔になったが、結局高橋さんは答えられなかった。

順番が来て診察室に入った。レントゲン撮影をしたあと、男性医師が「鎖骨を骨折しています」と診断した。

「臭すぎます。浮浪者ですか？」中年の看護師が顔をしかめた。

プレハブ小屋で暮らしていることを私が説明すると、看護師は憤慨し、「そんなの人間の暮らしじゃないでしょ。あなたね、こういう方は市役所に連れていって、相談して、きちんとした家に住まわせてあげなきゃだめですよ」と説教した。

看護師の言葉に私は鼓舞された。そうだ、市役所に掛け合って、高橋さんへの支援を進めよう。

医師は「身寄りがないので手術はできない*」と説明した。鎖骨固定バンドは自

手術はできない
高橋さんは、いつ、どこで、どのように負傷したか、思い出すことができなかった。医師は骨折の原因が不明なことも手術ができない理由のひとつにあげた。

力で装着できないからという理由で、結局、自然治癒するしかないという。

翌日から、私は高橋さんのもとに魚の缶詰やパン、果物を運んだ。プレハブ小屋の中は外から吹き込んでくる土埃のベールをかぶっていた。こたつ布団は真っ黒に汚れて湿って冷たく、部屋はとにかく寒かった。

高橋さんはときどきふっと思い出したように、「俺はまだ350万円を受け取っていない。*あの金をもらって大家に借金を返さねば」と言った。

「そのお金をもらうのはあきらめなさい」と私がさとすと、しょんぼりした。

高橋さんの住まいを見つけようと、まず介護保険の申請の手続きを取った。それから施設を探した。サービス付き高齢者住宅を県内に十数カ所持っている会社が、新しい施設をオープンしたという情報を得、高橋さんを連れて、新しい高齢者住宅の見学に行った。

「ここで暮らしますか?」と聞くと、彼はうんとうなずいたあと、「でも金が払えねぇ」とつぶやいた。

解決すべき課題は2つあった。ひとつは、高橋さんの月8万円の年金では、高齢者住宅の家賃と医療費、介護サービス費が賄えなかった。これについては生活

350万円を受け取っていない
短期記憶を保つことができない高橋さんも、騙されたときの記憶だけは忘れなかった。悔しいという感情はそれほど忘れがたいものなのかもしれない。

保護の申請をすることで解決を図りたかった。まさに看護師に説教された「市役所に相談して、きちんとした家に住まわせてあげなきゃ」である。

見学した日の午後、私は高橋さんと一緒に生活保護課に行った。若い男性のケースワーカーが個室で相談にのってくれた。経歴（ほとんど思い出せなかった）や今の生活実態を聞き取ったあと、ケースワーカーは「5日以内に家庭訪問を実施します。受給決定には1カ月くらいかかります」と言った。

もうひとつの問題は、彼に敷地を貸している大家の説得だった。

10年前、高橋さんは毎月10万円を払う約束で土地を借りた。最初の数年間は問題なかったものの、3年くらい前から借金がかさみ苦しくなった*。私が高橋さんに初めて出会ったのもそのころだ。

隣家の男性の話だと、年金支給日である偶数月の15日になると、大家は高橋さんをクルマに乗せて郵便局へ行き、年金を引き出すのだという。こんな辺鄙な土地に月10万円もの価値があるもんか。

高橋さんを3年間、放っておいたという負い目と、あこぎな大家から解放しなければという気持ちが合わさって、私は直接大家に掛け合うしかないと覚悟を決

借金がかさみ
高橋さんはせっかく仕事をやり遂げても、認知症状が進行し、請求書を書けなくなった。売上げはゼロで、部品代の借金ばかりが残っていったようだ。私は自営業の人の認知症の恐ろしさを知った。

めた。

翌日、私は大家の家に向かった。呼び鈴を鳴らすとき、手が震えた。出てきた大家は太鼓腹で威圧感があった。彼の本業は板金業で、赤ら顔はむくみ、目は濁っていた。

「あんた、高橋を施設にぶち込む気か」とドスの利いた声を出した。「施設に入るなら、5年間分300万を返せよ*」

「そのお金は返せません。ない袖はふれないんです」

返せと言う大家と、返しようがないと言う私。1時間ほど話したが、平行線のままだった。

その日から数回に分けて、私は大家を訪ね、説得を続けた。5回目の訪問時、面倒になったのか、大家はついに敷地内に放置されたゴミの山を処分するならば借金はチャラにするから出て行っていいと返事をくれた。もともとあの土地にそんな価値はなかったのだ。

1カ月後、高橋さんの生活保護の受給が決定した。私は高齢者住宅の施設長に、高橋さんの引っ越しを頼んだ。大家の話も伝え、引っ越しを2月14日の午前中に

5年間分300万を返せよ
この5年間は本来10万円の地代のうち月5万円しか受け取っていなかったから、5万×60カ月=300万円を返せというのが大家の主張だった。

決めた。大家に年金を奪われたくなかった。

その前日、私は高橋さんを訪ね、風の吹きすさぶ小屋の前で別れを告げた。

出発の日、高齢者住宅の施設長と介護職員が2人で迎えに行った。3人で市役所へ行き、転出届を出し、無事に施設へと入居した。高橋さんは「ホントにこんなぬくい布団に寝ていいのか」と笑顔を見せたという。

翌朝、大家が地域包括支援センターにやってきた。

「おまえ、高橋を逃がしやがったな。ゴミを片付けるってウソこきやがって！」

と私を睨みつけて、怒鳴った。

「だってお金がないんですもの、仕方ないじゃないですか。大家さんはお金持ちだから他人を雇って片付けられるでしょう」私はしれっと言った。

大家はセンターの相談室でさんざん私を罵倒したが、埒が明かないことを悟ったのか、「覚えてろ」と捨て台詞を吐いて帰っていった。

大家を玄関まで見送ったあと、私はほっとして腰が抜けそうになった。大家に悟られまいと平静を装っていたが、交渉中ずっと激しく動悸が打ち続けていたのだった。

第3章 人間関係はいつもヤッカイだ

某月某日　もうすぐ定年：それでもまだ働きたくて

私が所属する地域包括支援センターの母体である「医療法人・タンポポ会」の定年は65歳だった。

どうしたら、このまま地域包括支援センターで働き続けることができるだろうかと私は思いつめていた。近づいてくる定年を告げる足音が恐怖だった。

子どものころ、母がよく映画に連れていってくれた。*小学校入学前に観た「楢山節考（ならやまぶしこう）」は姥捨（うばす）て山伝説をモチーフにした作品だ。

田中絹代演じる老母は自分の運命と村の掟を受け入れ、親孝行な息子に背負われて山に連れていかれる。私の印象に残っているのは、同じ村に住む、宮口精二演じる老人が、息子に山まで引っ張られていき、途中で嫌がって山肌にへばり付いて「嫌だ、嫌だ」と抗（あらが）っているシーンだった。

私は宮口精二演じる老人だった。定年制度という掟をすんなりと受け入れるこ

よく映画に連れていってくれた
勉強はできなかったが、映画を観るのは大好きだった。小学校入学前後、母に連れられて「武器なき斗い」を観た。主人公が右翼のテロリストに刃物で全身メッタ刺しにされるラストシーンに戦慄を覚えた。母は内容を問わず、幼い私に映画を観

とができないのだ。

65歳まで残すところ半年に迫った2018年3月、娘が看護学校を卒業して看護師になった。

娘は高校を卒業後、静岡の私大の海洋学部に入学した。イルカの調教師を志望していた。娘は私と違って運動神経が発達していて手先が器用だ。生活費や学費をせっせと送った。

娘が大学1年のときに東日本大震災が起きた。海の仕事は親を心配させると言い、娘はわが家に帰ってきた。夢をあきらめ、家の近くのヨガスタジオに就職し、インストラクターになった。私は嬉しかったが、娘は給料が安いのが不満だったようで、看護師になりたいと言いだした。23歳からの挑戦だった。

娘は看護学校に進学*、3年間、家から通学*し、26歳でようやく卒業にこぎ着けた。

子育てが一段落して、あとは夫との2人暮らしを困らないようにすればいい。

デパートの下請けの会社に勤め、洋服の補整の仕事をしていた夫は定年退職し、同業の別の会社に雇われ、個人事業主になって働き続けている。正規雇用で働き

せてくれた。

娘は看護学校に進学
娘の同級生の看護学生たちがよく家に遊びに来た。高校を卒業したばかりのあどけない子もいた。「おばあちゃんですか？」と聞かれたことがあった。その子の母親は36歳で祖母は58歳だという。私よりおばあちゃんが若かった。

家から通学
娘は、元グラビアアイドルとか元キャバ嬢といった華やかなクラスメイトとも仲良くなった。みんな「美貌が衰えたら食べていけないから」と真剣に看護師を目指していた。

出したのが、夫が34歳、私が41歳、それぞれ遅かった。年金を増やすために2人とも年金受給は繰り下げにした。

私には家計を細かくチェックして将来の生活設計を立てていく技量はなく、ただひたすら自分と夫が力を合わせて働けば暮らしは回っていくと考えてきた。

センターでの仕事の大半は自分にとって難行だ。いつ何時、担当する地域で、とんでもない目に遭っている高齢者の相談が飛び込んでくるかわからない。家の中に閉じ込められて虐待されている人や、そのへんをさまよっている認知症の人の相談だったりする。

早期発見に出遅れたらどうしよう。つなげられる機関を見つけ出せず、衰弱させてしまったら、死なせてしまったら……頭はいつも心配事でいっぱいだ。

現在の自分にとって、地域包括支援センターの主任ケアマネの職務は心身ともに重労働だ。さっさと退いて、知力、気力、体力が充実した若い人たちにあとを任せればいいじゃないか。

そう思う一方で、私は「タンポポ会」の地域包括支援センターを辞めたくなかった。事務所の近くのURの団地や県営住宅に暮らす高齢者が好きだった。

そして何より、注意欠如・多動症の自分が主任ケアマネとして、この社会にささやかな居場所を作ることができた。クルマの運転やパソコン操作も長年かけてようやく仕事に困らない程度に身につけられた。

同じことを何百回も反復練習するうちに手先の不器用さは目立たなくなり、不安神経症の手の震えは起きる頻度が激減した。

朝５時に起床。洗濯、３匹の猫の餌やり、風呂掃除、味噌汁かスープを作り、魚を焼き、りんごとオレンジを切って朝食を調える。夫と娘と自分、３人分の弁当を作り終え、夫と娘を起こす。朝食をかき込み、身支度、ゴミ出し、これらを7時30分までにやり終える。

８時前に出勤すると、事務所のトイレ掃除をし、花の水を取り替え、仕事の準備をし、８時30分にみんなが出勤してくるまでに腹式呼吸で精神統一する。日中は団地まで自転車で走り、訪問をする。５階建てにはエレベーターがない。一気に駆けのぼり、駆け下りる。８階建ては4階と7階にしかエレベーターが止まらない。ここでも一気に駆けのぼる。仕事と運動の一石二鳥をしているのだ。

退社時刻は17時半、残業をすれば20時まで働く。買い物をして帰宅。猫の餌やり。夕食作り。夫が帰ってくる前に娘と食事をする。後片付けをしつつ、明日の弁当の下ごしらえにブロッコリーやアスパラをゆで、朝食用にキャベツやニンジン、タマネギを刻んでおく。台所仕事を終えたら、風呂に入る。一日のすべての作業を完了するのが早くて21時、遅ければ22時。ここから自室にこもって本を読みまくる。*

「タンポポ会」に就職してから12年間、この時間割を実行し続けてきた。

こんな判で押したような生活はふつうの人にとってはつまらないかもしれない。けれど、私には貴重で、飽きることがないのだ。

作業に次ぐ作業、活動に次ぐ活動の連続は筋トレのごとく心身を鍛え、不安感やネガティブな思考を小さくしてくれる。病気にならず、風邪さえひかないのは体調に合っているのだろう。

定年が恐いのは、収入はもちろんのこと、団地の高齢者との交流、仕事のやりがい、そして慌ただしい日常の〝作業療法〟を失うからだった。いわば、今の自分を作っているすべてを一気に失うからだ。

定年という語句を耳にしただけで、頭から血の気がすーっと引いていく。ああ、

本を読みまくる
私にとってワクワクする時間帯。昭和の名作や文芸誌、エッセイ、社会派ノンフィクション、高齢者関係本、さまざまな精神療法の本、仕事術のハウツーもの、疲労が激しい夜は、健康や美容、料理、断捨離、家事の手抜き指南書、スピリチュアル本、女性週刊誌、通販カタログ、占い……活字ならなんでも好きだ。目を開けていられなくなり、布団に倒れ込むまで読む。

なんでこのような掟があるのだと嘆いた。

やはり私はこの仕事を続けたいのだ。

定年まであと6カ月。私は「医療法人・タンポポ会」に定年延長を願い出ることに決めた。

某月某日　不機嫌なドクター：人生を懸けた交渉

地域包括支援センターは、「医療法人・タンポポ会」の本院とは少し離れた場所にある内科クリニックの建物の中に事務所を置いていた。そこには、居宅介護支援事業所や訪問介護事業所、デイサービスが併設されている。

センターが開設される以前、私はその居宅介護支援事業所で3年間働いた。直属の上司はクリニックの院長だったが、私は彼と12年間にわたって、まともなコミュニケーションが取れていなかった。

三浦院長は私と同世代だ。ロマンスグレーの髪を七三にきちっと分け、糊の利

いた白衣をまとい、青白い顔はいつも神経質そうに眉間にシワを刻んでいた。

毎月上旬に一度、私はセンターの前月の売上げを記入した書類を院長に持っていく。診察中はずっと診察室の外で立ち尽くして待った。患者が途絶えたのを見計らい恐る恐る入っていった。

あるとき、何度も診察室に足を運んでも患者がいるので、自分も訪問に出て、最後の患者の診察が終わったあとに入っていったことがある。

「そんなものを見ているヒマはない。今、何時だと思っている!」

三浦院長が裏返った黄色い声を飛ばしてきた。

これをきっかけに私は院長の機嫌を損ねることを恐れるようになってしまったのだ。

1カ月間、みんなでがんばって働いた涙と汗の結晶である収入を記したものを堂々と差し出せばいいのに、悪さをやらかしたあとの始末書でも出すかのように、私はビクビクして卑屈な感じで差し出した。また怒鳴られはしないかと院長の顔色をうかがっていた。

収入は市役所からの委託費の人件費だけではなく、「要支援1・2」のケアプラン作成料、総合事業や認知症事業、介護予防事業の収益など多岐にわたっていたので詳細な説明文を添付した。

私が書類を手渡して説明しても、院長はまともに聞いてはいなかった。軽いため息をつき、むっとしたまま書類に判を押し、返して寄こす。そんな院長が苦手で、私は売上げを説明するとき以外は関わりを避けた。

本来はこちらから歩み寄らなくてはならないのだ。医療との連携は、ケアマネの重要な職務のひとつである。自分の大事な利用者はドクターに診てもらっている。忙しいドクターがケアマネに声をかけるのではなく、ケアマネから工夫を凝らして、利用者の主治医に働きかけるのが鉄則なのだ。

そうは言っても、三浦院長は取りつく島もない人だ*。私は不用意に怒られるのを恐れて、おどおどへらへらし、すぐにその場から逃げ去っていた。

だが、定年延長は直属の上司である院長に掛け合うしかなかった。

２０１８年3月の初め、ついに65歳まであと半年となったある日、私は勇気をふるって、院長にぶつかっていった。

「私をこれからもセンターで働かせてください」

取りつく島もない人
私にとっては「取りつく島のない」三浦院長だったが、そんな彼も事務長や理事長にはペコペコしていた。そんな「タンポポ会」のいびつなタテ社会が苦手だった。

「65歳定年は、『タンポポ会』の就業規則で決まっている」

院長はにべもなかった。

彼の素っ気なさには慣れていた。いつもだったら、まごまごしてここで退散であるが、自分の人生の一大事なのだ。突き放されても引き下がるわけにはいかなかった。

「そこをなんとかご検討ください」私は粘った。

「私には検討する権限はない」院長は面倒臭そうに眉をしかめた。

「私はもっともっと働きたいのです」

会話はいつものように噛み合わなかったが、そんなことは気にしていられなかった。

「お願いいたします。働かせてください」

私はひれ伏さんばかりに、声をふるわせて訴えた。

いつもと違う私の態度に気圧(けお)されたのか、院長は少しだけ考えて、「それじゃあ、『タンポポ会』の理事会にかけてみる」とだけ言った。

定年延長ができるかもしれない。希望の光が見えてきた私は「ありがとうございます」と頭を深く垂れた。院長はそれを見もせずに、デスクの書類書きに取りかかった。

理事会の回答次第で私の運命が決まる。その日から一日千秋の思いで知らせを待った。

３月が終わろうとするある夕方、廊下で院長に呼び止められた。

「『タンポポ会』では、岸山さんにはこれからも働いてもらうことにしました」

院長がめずらしく穏やかな口調で言った。

「ありがとうございます！」

まだ働けると思うと、私は飛び上がらんばかりに嬉しくなり、院長に礼を言った。意外なほど大きな声が出ていた。三浦院長が口添えをしてくれたのか、それとも理事会が私のこれまでの活動を評価してくれたのか。

よーし、やるぞ。身体いっぱい高揚感が満ちあふれてきた。

院長が立ち去ったあと、パリッとした白衣の背に向かって、私は頭を下げ続けていた。

某月某日　一抹の不安：素朴な好青年の正体

「タンポポ会」の地域包括支援センターは開設以来、何人かメンバーが入れ替わった。辞めた人もいたし、異動になった人もいた。私だけが変わらなかった。

地域包括支援センターは通常、3本柱の体制である。介護の相談に対応する「主任ケアマネジャー（主任介護支援専門員）」、医療の相談に対応する「保健師」または「看護師」、福祉の相談に対応する「社会福祉士」、この三者が一体となってチームプレーで活動する。対象とする高齢者人口が多ければ、それに応じて各職が複数人となることもある。

2018年4月、その時点での「タンポポ会」の地域包括支援センターの体制は、私を含めて4人だった。

私のほかにもうひとり主任ケアマネジャーがいた。ただひとりの男性で加藤隆さん、37歳だ。額が禿げあがり、落ち武者ふうの風貌と格闘家のような体型をしている。社会福祉士の橘さおりさんと看護師の山崎美沙さんも彼と同年代で３人はクラスメイトのように和気あいあいとしていた。３人は、いわゆるロスト・ジェネレーション*で、思うような就職ができなかった世代だ。

加藤さんは昼休み、カップラーメンを食べながら、出身地・北海道の思い出をよく語った。彼は高校を卒業すると、牧場に住み込み、牧畜家を目指して牛の乳しぼりをしていたという。20代半ばにこちらに移り住み、身体障害者施設で介護職員になった。厨房で働いていた女性と結婚し、３人の子どもをもうけている。ケアマネになり、「タンポポ会」に就職し、居宅介護支援事業所で５年の実務を積み、主任資格を取得してからセンターに異動してきた。

牧畜家を断念した加藤さんは、心から望んで介護業界に来たのではない。橘さんも教育界をあきらめて福祉に転じたという。山崎さんはがん病棟に７年勤務したが、激務で腰痛が悪化し、この職場に移ってきた。

それぞれが妥協して今の職場に落ち着いたということが会話の端々から感じ取れた。だからといって、やる気がないというわけではない。３人はみな真面目に利用者の相談にのっていた。

ロスト・ジェネレーション
団塊世代の子ども世代で、１９７０年～１９８４年までに生まれた人たちと定義されている。就職氷河期世代であり、介護業界にはこの年代の人が多い。私が非正規から正規になるのに介護職員を選んだように、この世代の人たちも正規職員になるために介護業界に就職してきたと思えるふしがあった。

65歳をすぎてもセンターで働き続けることを許された私だったが、誕生日の9月には責任者からは降りることになった。

「岸山さん、次期センター長を推薦してください」三浦院長が私に言った。

私は一瞬、戸惑った。

もっとも信頼し、仕事ができると評価しているのは、社会福祉士の橘さんだ。しかし、「橘さん」と言えなかった。橘さんは3年目だが、加藤さんは7年になる。3人の子どもに妻は専業主婦、お金がなくていつもピーピーしていた。

在籍期間が長くて男性で妻子持ちだから……迷ったあげく、私はそんな理由で加藤さんを推薦してしまった。

加藤さんは、「タンポポ会」の事務長や院長、市役所職員や地域の有力者に対しては非常に腰が低く、素朴な好青年としてふるまった。その反面、弱い立場の人たちに対しては威圧的だった。

ある日、廊下まで加藤さんの怒声が轟いてきた。何があったかと部屋に飛び込むと、彼は電話口で怒鳴っていた。毎日のようにセンターに電話をかけてくる被害妄想の女性が相手だった。

「ああ、知っているよ！　同じ棟のジイさんが部屋中を大麻畑にしてんだろう。わかってる。もーすぐしょっ引かれるだろ。いいか、我慢しろ！」

加藤さんは電話を叩き切った。

女性が市役所に加藤さんの対応を言い付けたとしても、彼が窮地に追い込まれることはないだろう。被害妄想の女性の言い分など誰もまっとうに取り上げない。そうした人に対して彼はつねに高飛車であり、私はそのことを不快に感じていた。

彼のこうした態度をしばしば目にしながらも、私は注意も指摘もしなかった。少人数の職場内で、彼とのあいだに亀裂が生じるのを恐れていた。それでも、責任者となった彼の下でおとなしく働くことができるだろうかと、一抹の不安が胸をよぎった。

いや、これまでも私たち4人は冗談を言い合ったり、仕事の分担を決めたりとうまくやってきた。加藤さんは仲間に対しては礼儀をわきまえている。仲間である限り、彼から手ひどい扱いを受けることはない、そう自分に言い聞かせた。

某月某日　辞めてもらいます：突然の宣告

2018年4月、市役所からのセンターへの委託料が増額された。相談業務と介護予防ケアプラン作成などに加え、認知症カフェ*の運営やら、生活コーディネーターや介護予防サポーター*の育成やら笑ってしまうほど事業が増えた。業務が目いっぱいになり、市は予算を増やし、増員を求めた。

「予算も上がったことだし、岸山さん、早く新人を採用しましょうよ」

加藤さんから要望が出された。彼に背中を押されて、私は仕事の合間、職員募集に力を注いだ。ハローワークや新聞の折り込みチラシ、フリーペーパーに求人広告を出し、インターネットの無料求人サイトや人材紹介会社にも依頼した。

数人から反応があり、私は加藤さんと2人で面接をした。何人かに採用通知を出したものの、応募者からの辞退が続いた*。

そうこうしている間に9月になった。いよいよ、加藤さんに責任者をバトン

認知症カフェ　認知症の人や家族たちが集い、互いの交流を深めながら認知症に関わる情報を得るカフェ。厚生労働省が2015年に策定した「新オレンジプラン（認知症施策推進総合戦略）」の一環として取り組むようになり、M市では地域包括支援センターの職員がこの施策の一端を担った。集会所を借り、お茶やお菓子を用意し、カフェ店員のようなエプロンをつけて体裁を整えたものの、集客には大苦戦した。

タッチする日が近づいてきていた。

そのころ、２人の男性を面接した。２人とも40代で真面目で感じが良かった。

「どちらの人がいいかしら？」私は加藤さんに問うた。

「俺は２人とも採用する」加藤さんは強い口調で言い切った。

「でも、採用枠はひとりなのよ」私は不思議に思い首をかしげた。

「２人とも良い人材なんだから、俺は採用する」

加藤さんはいつになく強い口調でそう言い切り、ぎろりと私を見た。もうすぐ責任者になる俺が決めたんだから文句あるかという雰囲気を漂わせていた。

今までにない態度に胸騒ぎがした。

「５人分の人件費しか出ないのに、６人体制になることを事務長が許してくれるかな？」

加藤さんは私の疑問には答えず、眉間にシワを寄せて険しい顔になっていた。

２人に採用通知を出し、彼らから返事をもらった直後、「タンポポ会」の事務長が私に話があるとやってきた。

事務長は45歳、ベンチャービジネスの青年社長タイプだ。「タンポポ会」の創

介護予防サポーター
M市では集会所単位で毎週1回「百歳体操」を実施する場を設け、無料で近所の高齢者が通えるようにした。高齢者に体操のやり方を指導するボランティアなどを「介護予防サポーター」と呼ぶ。その育成にも相当の時間が割かれた。

応募者からの辞退が続いた
これは2018年4月ごろで、世間でもケアマネ不足の現象が起き始めていた。居宅介護支援事業所では、以前は募集をしたらすぐ数人の応募があったが、最近はさっぱり来ないという声がよく聞かれた。それに、ケアマネは地域包括支援センターの忙しさを知っており、センターへの転職については二の足を踏む人もいるようだった。

立者の息子で事実上のオーナー*である。会議室に呼ばれ、私は事務長と向かい合った。

私は6人体制になることについての説明があるのだと思っていた。

「6人体制でやっていってもいいのでしょうか？」私のほうから口火を切った。

「岸山さんには辞めてもらいます」

事務長はあっさりした口調で答えた。

脳天をハンマーで殴られたような衝撃を覚えた。

「『タンポポ会』は定年延長してくださると、三浦院長からお聞きしていますが……」

私は混乱しながら、声を振り絞った。

「そんなこと私は言っていません。でもね、岸山さん、65歳なんだから辞めてください よ。うちには200人の職員がいます。みんなが岸山さんみたいに65歳すぎても働きたいって騒いだらどうなっちゃうの。困るでしょ」

どこまでも事務長の口調は軽かった。

「65歳の誕生日がきたんだから、すぐ辞めてもらってもいいいんだけど、岸山さん

事実上のオーナー
「タンポポ会」の中で、一番えらくて一番威張っているのが、この事務長である。「タンポポ会」の中では「雲の上の人」であった。介護業界の体質はまだまだ古く、こうしたヒエラルキーができあがっている。

の貢献度を考慮しましょう。来年の3月まででどうですか」

辞めることは既定路線だった。親切心にあふれる口調で笑顔を浮かべながら事務長はそう言った。

その晩、布団に入っても事務長の言葉がリフレインして眠れなかった。

3月、三浦院長はたしかに「これからも働いてもらいます」と言った。三浦院長が一存でそんなことを言えるはずがない。事務長にも相談したはずだ。

しかし、その後、2人の男性職員を得たことで、事務長が私の定年延長をひっくり返したのだろう。事務長のこれまでの従業員に対する扱いを見てきた私はそう確信した。そして、三浦院長が事務長に抗えるはずがない。

あのときの約束を三浦院長に問いただそうとは思わなかった。この12年間、噛み合わなかった相手だ。永遠に噛み合いはしまい。

私は頭を抱えて際限なく寝返りを繰り返し、空が白みだしたころ、ようやくまどろみ始めた。

某月某日 **追放**：ため込んで爆発するタイプ

翌朝、出勤すると、私は社会福祉士の橘さおりさんと看護師の山崎美沙さんに事務長からの宣告を伝えた。

2人は驚き、そして憤ってくれた。

「岸山さんに新人採用の業務をさせておいて、良い人が見つかったから、あんたはいらないって、そんなのひどい。年齢差別に女性蔑視じゃない」

「私たちは岸山さんと一緒にずっと働きたいと思っている。絶対辞めないで」

そのとき、加藤さんがパーカーのポケットに両手を突っ込んで、のっそりと部屋に入ってきた。

私が2人に告げたことと同じ話をすると、加藤さんは白けた顔で「ふうん、そうですか」とだけ鼻先で言った。

橘さんと山崎さんが私と一緒に働きたいと言ってくれている。これまでの自分の仕事が認められたようで、とてもありがたかった。

いったんはあきらめたが、彼女たちの励ましに勇気を得た。だが、三浦院長と事務長に交渉する気はなかった。彼らを相手にしてもむなしい。私は理事長に直訴することに決めた。

「タンポポ会」の経営者は事務長だが、最高責任者は理事長だ*。

内科の医師である小川理事長は本院の外来で診察をしていた。私は本院に乗り込み*、「理事長にお話があります」と看護師に頼み込んだ。

私が診察室に飛び込んで行くと、理事長はびっくりして私を見上げた。

「お願いします。私を働かせてください。定年延長してください。70歳まで。いいえ、あと3年、いいえ、2年でいいですから置いてください」

バナナの叩き売りみたいだが、本気だった。なりふり構わず、理事長に縋り付いた。理事長は明らかに困惑していたが、しばらくして口を開いた。

「加藤君を中心にして、センター内部でみんなでよく話し合って決めたらどうですか」

私はセンターに一目散に戻った。夕暮れの迫った事務所には加藤さんがひとり

最高責任者は理事長
理事長は、本院で内科のドクターをしている。雇われ理事長ではあるが、名目上は「タンポポ会」の最高責任者である。物静かな紳士タイプで、「雲の上の人・ナンバー2」といえる。

本院に乗り込み
なりふり構わず、理事長に直談判したこの行為は「クレージー」と嘲笑された。今思えば、上下関係をぶち壊すADHDの特性を発揮した行動だったかもしれない。

でいた。

「今、理事長に定年延長を頼んできたんです」と私は息をあえがせた。

「理事長からみんなでよく話し合って、私がここで働き続けるか、退くか決めてはどうかと言われました」

私が呼吸を整えながら言うと、「就業規則の65歳定年を守るべきじゃないですか」加藤さんは厳しい表情で野太い声を出した。

「岸山さんが3月で退職することは事務長が決めたんだ。それをひっくり返したら、組織としておかしなことになります」

加藤さんは冷ややかな表情で断言した。

「そもそも俺は岸山さんの仕事ぶりを評価できない。俺が地域の人たちを集めて、地域会議*をしているとき、岸山さんはちっとも協力してくれなかったよね」

「私は遊んでいたわけじゃない。個人個人の支援に精いっぱいだった」必死の思いで抗った。

「責任者だったら、偏らずバランスよく仕事ができなきゃダメだ。岸山さんはどんなに忙しい時期でも有給休暇だけはちゃんと取っていたよね」

地域会議
自治会の役員や民生委員、ボランティアの人たちに集まってもらい、地域の課題などを話し合い、手助けする人たちをどのように組織できるか検討し合う会議。毎月1回開催

「私は有給休暇を使って、コントの台本を書き、公演していました。地域包括支援センターのことをみんなに知ってもらう、ネットワーク作りの一環だったんです」

「そんな言い訳は聞きたくない」加藤さんは突き放すように言った。

「それならなんでそのときに指摘してくれなかったんですか」絶望的な気持ちになりながら聞いた。

「俺はため込むタイプなんです。ためたあげく、爆発するタイプだから」

加藤さんの目にずるがしこい光が宿っていた。

ここにはもう自分の居場所はないのだと思い知った。


翌日から私は血眼になって職探しをした。

打ち捨てられた悲しみは、どこかで拾われることでしか乗り越えることはできなかった。仕事を続けたいという思いはよりいっそう募った。

インターネットの無料求人サイトや新聞の求人広告でケアマネジャーの募集を探した。求人募集をかけていた私が、求人に応募する側になった。有給休暇を

された。私は他業務で余裕がなく、1回しか出席できなかった。

取ってハローワークへ足を運んだ。電話をかけ、面接のアポを取り、履歴書を書いた。ちょっとでも若く見られるようにと美容院へ行き、夜遅くまで服を選んだ。

2週間後、ある居宅介護支援事業所に採用された。

その翌日、退職届を加藤さんに提出すると、彼は不愉快そうに顔をしかめた。

「事務長が退職は来年の3月って命じただろう。ちゃんとここの仕事の後始末をつけてから辞めたらどう」

いつも軽く見ている相手や、馬鹿にしている人に投げつける言葉だ。訴えられたところで自分は何も被害を受けないと見くびっている相手にとっている態度だった。

「3月まで指をくわえて待っていられるほど私には余裕がありません。就業規則に明記された退職届を出してから1カ月は働きます」

「どこまでも自己中だな。あと1カ月だって？　どれほど、利用者さんたちに迷惑がかかると思う？　利用者さんのことを考えていない非常識な人だな」

利用者さんのことを持ち出されて、人質を取られたような心地を味わった。

橘さんと山崎さんがいたたまれない表情で私たちのやりとりを眺めていた。

息子
昭和の怪優・伊藤雄之助が演じた。私は終戦直後から昭和の終わりにかけ

「楢山節考」が脳裡に浮かんだ。

宮口精二演じる老人は山の途中で抗う。そこまで引っ張って連れてきた息子*は怒る。その顔が加藤さんに重なってくる。老人は冷酷な息子もろとも谷底に落ちていく――。

こうして私は「タンポポ会」を去ることになった。

某月某日 **監視と非難**：「もう一度、書き直してください」

気づかぬうちに、家の中でも沈鬱な顔をしていたらしい。夫に問われて、「タンポポ会」での騒動を話した。

「長いこと、お疲れさま」と夫はぼそっと言った。

「ギャハハ」娘は大口を開けて笑った。

「『タンポポ会』なんて辞めちゃってよかったね。お母さんならどこでもやっていけるから」そう励ましてくれた。

*ての俳優やマイナーな小説家が好きだ。昭和文学と映画のオタクと自認している。

夫も娘も私を〝できるケアマネ〟だと思っている。いや、私がそう思い込ませてきたのかもしれない。なんにしても2人の期待を裏切りたくなかった。

「タンポポ会」を辞めた直後、ある特別養護老人ホームの施設長から電話がかかってきた。

「私どもの社会福祉法人が、4月から埼玉県のN市で地域包括支援センターを起ち上げることになりました。主任ケアマネが見つからず、探していました。*そこでね、岸山さん、どうです？」

元訪問看護師の彼女とは、かなり前から仕事上でつきあいがあった。

私は迷った。すでにある居宅介護支援事業所に採用が決まっていたからだ。

その居宅介護支援事業所の条件は、正規職員で健康保険や厚生年金があり、手取りで20万円。65歳以上のボーナスはなしということだった。私が加藤さんに退職届を突き付けることができたのも、その事業所のおかげだった。

ずいぶんと迷った末、内定していた居宅介護支援事業所に詫びを入れ、新設の地域包括支援センターに就職することを決めた。

私はやはり地域包括支援センターの主任ケアマネという仕事への未練を断ち切

探していました
N市の地域包括支援センターの条件は手取り26万円でボーナスなし、というものだった。私を誘ってくれた施設長は、「地域包括の主任ケアマネの相場は年俸450万円なんですって。でも、私たちのところはそんなに出せないから、定年退職者を狙っていたのよ」と率直に打ち明けてくれた。

れなかった。新規の起ち上げというのも魅力的だった。

これまで働いてきたＭ市とＮ市は隣り合わせだった。いずれ加藤さんは私がＮ市で働いていることを知るだろう。あなたが追い出した人間は地域包括支援センターで復活を遂げたと見返せる。そんな浅はかな見栄もあった。

２０１９年４月１日、私はＮ市の地域包括支援センターの主任ケアマネとして再出発した。

チームの責任者である保健師の森岡ゆかりさんは、周りをパッと明るくさせる笑顔が魅力的な颯爽としたキャリアウーマンだ。社会福祉士の関根美穂さんもはきはきして物おじしない人で優等生タイプである。２人とも40代半ばで勢いがあり、中学生と高校生の２人の子どもたちの母親であることも共通していた。

そして、もうひとり50代のパートのケアマネ・増田久子さんは落ち着いた熟年の貫禄を持っていた。

３人ともベテランだったが、みな地域包括支援センターでの仕事は初めてということで、10年選手の私が先輩としての役割を果たさなければならなかった。

センターには住民の相談コーナー*が設置されている。

センターが開設されて1週間ほどした折、高齢の女性が訪れた。夫が心不全で大学病院に入院中で、そこの看護師から介護保険の申請を勧められたという。私は申請書を代筆し、認定までの流れを説明した。

女性が帰ったあと、保健師の森岡さんが私を咎める目で見た。

「なんで、今の人の申請を受け付けたんですか?」

思いがけないほど語気が強かったので、私は戸惑った。

「奥さんが申請を望まれていましたので……」

「望んでいたからって、すぐに申請するなんて早すぎます。退院が決まったころに、奥さんにまた来てもらえばいいじゃないですか」

森岡さんが言わんとするのは、女性の夫は治療が進めば身体機能が改善する可能性があり、それまで待つべきだということだ。

悪い状態のときに認定調査を受ければ、要介護度が重くなる。正確な要介護度を出すべきだという森岡さんの説は誤りではないものの、身体機能の改善を待っていたら申請は遅れるばかりだ。

住民の相談コーナー
利用者と家族はいろいろな質問をしてくる。ケアマネはなんでも知っていると思っている。どんな質問が飛んできても、ドラえもんのポケットのように次々と答えを取り出してみせないと利用者は安心しない。利用者が困っているのび太なら、ケアマネはドラえもんである。ポケットの中に知識と情報をぎっしり詰め込んでおき、聞き取りや相談を通して、利用者に必要な制度やサービスや適した事業所を取り出すのだ。

また認定は申請の１カ月後というタイムラグがある。私は、退院した直後にサービスが必要なのに申請をしておらず、まごつく人*をたくさん見てきた。入院中に申請をしておくに越したことはない。そもそも、申請をしたいと望む人にはただちに申請する権利がある。

そう言い返したかったが、私は黙って森岡さんに頭を下げた。

翌日、今度は自分自身が介護保険の申請をしたいという女性が訪れた。私が相談に応じていると、社会福祉士の関根さんがたまりかねた様子で割り込んできた。私を押しのけるようにして、関根さんは女性に向かって満面の笑みで語りかけた。

「まだまだ介護保険のサービスを使うなんて早いわ。デイケアなんて行くのは嫌でしょう？　住民がやっている楽しい集いの場をご紹介しますね」

女性が帰ったあと、森岡さんと関根さんから「どうして安易に介護保険の内容ばっかり説明するんですか」と詰め寄られた。

この出来事をきっかけに、私は相談窓口で硬直した紋切り型の介護保険サービスの説明しかできない人間と見られるようになった。

まごつく人
ある男性は在宅に戻ってから、私が申請を代行した。要介護度は認定されていなかったが、申請を済ませたので暫定で福祉用具のベッドをレンタルした。男性は妻に介護されていたが、数日後に亡くなった。認定調査員の訪問前だったため、認定をされず、結局、介護保険は適用されず、ベッドのレンタルは自費になってしまった。

森岡さんと関根さんの方針は、ある側面から見れば正しい。なんでもかんでも介護保険サービスを利用していては財源が涸渇する。それに地域包括支援センターは地域の中で実施されている自主的なサロン*の情報を住民に広める役割を持っている。

けれども、相談に来た女性は介護保険の申請をしたいと望んでいた。足が衰えていて歩きづらそうだったし、理解力が衰えていて、説明がすんなりとは入っていかなかった。そうした人に介護保険の利用について丁寧に説明するのは当然だと考えた。

しかし、森岡さんと関根さんには私の意図が通じなかった。

森岡さんと関根さんは、私の受け答えの一つひとつをチェックするようになった。

電話相談に対応しているときも、彼女たちが耳をそばだてているのが伝わってきて、私は緊張で肩がこわばり、からからに喉がかわいてきた。

相談を終え、受話器を置くと、森岡さんの甲高い声が飛んできた。

「いつも相手に期待を持たせるような言い方ばっかりして！」

自主的なサロン
N市では社会福祉協議会が、住民主体の交流会や体操の会などのサロン活動の起ち上げを支援していた。地域包括支援センターは社会福祉協議会と連携し、サロン活動の拡大実施に協力した。社会福祉協議会の職員たちは穏やかで親切な人ばかりで、私は彼女たちと話しているときは、ほっと気分が和らいだ。

彼女が言うには私の対応は利用者に適したものではなく、野放図に介護保険の利用を勧めるだけの「素人でもできる」対応なのだという。私は何も言い返せなかった。

相談内容はすべて記録を作成していた。私は事細かには書かず、要約して書いていた。それを見つけた森岡さんから「この記録の書き方じゃ全然ダメ。もう一度、書き直してください」と突き返された。

ほかの人に向かうときは、にこやかな笑顔の森岡さんが、私を見るときは冷え冷えとした無表情の白い顔になった。

起ち上げから数週間のうちに、私は一挙手一投足を監視され、いつ非難の声が飛んでくるかとビクビクするようになっていた。

「タンポポ会」で働いている間は、自分が注意欠如・多動症であることを意識しないで済んでいた。

ここに来て、おおいに意識するようになっていた。そして、意識すればするほど、注意欠如・多動症的なことを頻繁にやらかした。

ある日、私が訪問先から帰ると、森岡さんが冷ややかな口調で言った。

「あなたの訪問先から電話があったわ。筆箱を置いてきたわね」

さらにその翌日、「石井さんの奥さんから電話が来たわ。あなた、老眼鏡とボールペンをテーブルに忘れてきたわね」。

ミスをしてはいけないと思えば思うほど、焦り、注意が散漫になり、簡単なミスを繰り返した。

さらに別の日、「一方通行を無視して進入したわね。さっき市民から、うちのクルマが逆走しているって苦情がありました。私たちの看板を背負ったクルマでヘンなことしないでください」。

私は注意されるたび、大きなショックを受けていたが、それを悟られないように頭をかきながらヘラヘラ笑ったあと、謝った。

某月某日 孤立：「レセプトをやったことないですって！」

決定的な烙印が押されたのは、起ち上げから1カ月後、初めてのレセプト*の日のことだ。

センターでは「要支援１」と「要支援２」のケアプランを作成する。毎月、10日までに国民健康保険団体連合会に、「要支援１」と「要支援２」の人たちが使った介護保険サービス費用の保険請求をした。ケアプラン作成料も併せて請求する。請求書と明細書を作成し、伝送することになっている。総合事業が導入されてからレセプトは複雑化していた。

「レセプトをやったことないですって！」

私がレセプト請求の仕事をやったことがない*と伝えると、森岡さんは金切り声をあげた。

「なんでなの？　今までどうしてきたの？」

前職「タンポポ会」の地域包括支援センターでは、社会福祉士の橘さおりさんにすべてまかせていた。

「岸山さんはこんな作業、苦手でしょう」

彼女はそう言って、レセプト請求の業務を一手に引き受けてくれていたのだ。

「悪いわね」と頭を下げると「岸山さんは私たちができないことをやってくれれ

レセプト
ケアプランに対しての報酬である「居宅介護支援介護給付費明細書」とともに、介護サービス利用にかかった費用である「給付管理票」を作成し、毎月10日までに国民健康保険団体連合会に伝送する。ケアマネはこの作業を「レセプトをする」という。

レセプト請求の仕事をやったことがない
私は明細書作りが決定的に苦手だった。マニュアルどおりにやればいいといわれても、私にはそれが難解なのだ。明細書が少しでもおかしいと、「返戻」といって国民健康保険団体連合会から突き返される。こうなるとサービス提供事業所にお金が支払われなくなる。零細規模の事業所であれば、レセプト請求のミスは経営を圧迫する。

ばいいのよ」と優しくほほ笑んだ。私にとっては涙が出るほどありがたい言葉だった。

しかし、私は「タンポポ会」のセンターで甘えすぎたのかもしれない。

森岡さんはカンカンに怒っていた。

「私たちは初めてなのよ。ここで経験したことあるのはあなただけなんですよ！10年間、毎月レセプトをやってきたはずでしょうが」

森岡さんは顔を真っ赤にして、立ち上がり、私を指さした。

「申し訳ございません」

私も立ち上がって頭を深く下げた。無言で頭を下げながら、叫ぶ森岡さんをどうやったらなだめられるか、それればかりを考えていた。

社会福祉士の関根さんは侮蔑の視線を送ってきた。事務所内の空気に耐えられず、パートの増田さんはうつむいていた。

「もういいわよ！　ほかの地域包括支援センターに教えてもらうから」

私は事務所の中で完全に孤立した。

それでも増田さんだけは私に言葉をかけてくれた。森岡さんと関根さんがいなくなり、２人だけになると「私は岸山さんがボロクソに言われるのが、そばで聞いていていてつらい」と言って、ふつうに接してくれた。

人間関係に関する本を何冊も読み、なんとか関係性を改善できないかと研究した。

本によってさまざまな対応法が説かれている中に、目につく解決法を見つけた。〝相手との間に見えないバリアを張り巡らし距離を置き、喜怒哀楽を表さず何を考えているのかわからない人間になって相手をビビらせる〟のだという。

わらにもすがる思いで私はこの方法を試した。

しかし、コントで鍛えたはずの演技力は発揮できなかった。効果はちっとも現れなかった。

森岡さんと関根さんはバリアを易々と突破して、私を叱責した。

私は日々の叱責を恐れ、さらにどぎまぎと挙動不審になった。集中力を高め、細心の注意を払って物事に取り組んでいるはずが、失敗はあとからあとから私を追いかけてきた。

毎朝、びくびくと怯え、今日は叱責されませんようにと、両手を合わせて祈ったあと、重いため息をつきながら、事務所の扉の前に立った。

某月某日 メール騒動：「非常にまずい事態になりました」

始業時刻は8時30分、私は8時前に出勤し、ゴミを出し、掃除機をかけ、花を飾り[*]、ポットにお湯を満たし、全員の机を拭いた。度重なる失敗を、せめて朝の準備でカバーしたかった。

それに、朝から緊張感が極限に達していたので、身体をリズミカルに動かし、心身をやわらげ、深呼吸を何十回もして、精神統一したかった。

保健師の森岡さんと社会福祉士の関根さんは8時30分にやってくる。パートのケアマネ・増田さんは9時から出勤で、彼女が来るまでの30分が異様に長く感じられた。

出勤後、森岡さんと関根さんは楽しげに語らう。

関根さんは、そば打ち教室やフォークダンス教室を開催して認知症の人たちに

花を飾り
夫は草ぼうぼうの庭で色とりどりの花を育てた。バラやユリ、アヤメ、スイセン、ガーベラ、チューリップ、スイートピーなど。朝、出勤前に花を摘んで私に持たせてくれた。花を眺めていると沈んだ心が慰められた。

活躍してもらう企画を立てて成功させていた。

「あなたのアイデアってすごい」と森岡さんが誉めたたえる。

「今度はこんな企画はどうかしら？」と関根さんが身を乗り出す。

「あなたの活躍は市役所が評価している。私も鼻が高い」森岡さんは上機嫌だ。

「ねえ、今度、市との会議で――」

　2人は私を無視して仲良く話し続ける。

パートの増田さんが出勤すると、ミーティングが開始される。

森岡さんはさっきまでにこやかにしていたのがウソのように深刻そうな顔になって言った。

「みんなが集まったから発表します。非常にまずい事態になっています」

きっと自分が関係することだ。私は震えあがりそうになる。

森岡さんが言うには、ある居宅介護支援事業所のケアマネ・澤山千里さんが、私とのコミュニケーションが電話ではスムーズにいかないのでメールでやりとりをしてほしいと言ってきたという。

事の起こりは、澤山さんが担当する男性利用者からセンターに「ケアマネ（澤山さんのこと）を代えたい」という電話が来たことによる。

居宅介護支援事業所のケアマネからの相談に、地域包括支援センターの主任ケアマネがのることはよくある。こういったフォローはセンターの業務のひとつでもあるのだ。

私が男性の家を訪ね、澤山さんに対する苦情を聞き取った。男性には、澤山さんが訪問時に5分程度しか滞在せず、すぐ帰ってしまう*のが不満だという。

私はそれを澤山さんに伝えた。彼女はゴミ屋敷と化した男性の家に行くと、皮膚が痒くなってくるから5分の滞在が精いっぱいだったという。「ゴミ屋敷に脅えていたらケアマネなんてできるわけがない」そう思いながらも、うなずきながら話を聞き、彼女を説得した。澤山さんも今後はもう少し長く滞在し、彼の話を聞くようにすると言った。

私は澤山さんの反省の弁を利用者の男性に伝えた。私は両者の間を取り持ち、解決を図れたと思っていた。

ところが、澤山さんは「電話での岸山さんの話は長すぎて要領を得ない部分もあるので、今後はメールで意見交換したい」と要求してきた。

すぐ帰ってしまう
彼女は自力で居宅介護支援事業所を起ち上げたばかりのひとりケアマネだった。数をこなすことを優先して、利用者への対応がおざなりになっているようでもあった。

たしかに私は口下手なところがあり、澤山さんに気をつかったこともあり、まわりくどい言い方になっていたかもしれない。でも、彼女がそれを望むなら、今後はメールでやりとりをすればいいのではないか。

森岡さんはそれを由々しきことだと糾弾するのであった。

「私たちの地域包括支援センターはケアマネからの信頼を失ってしまいました」

森岡さんは深刻な声音になって、３人を見回した。

「要するに、今回の件は、ケアマネの澤山さんが岸山さんに不信感を募らせているってことですね」

関根さんが目に険を宿してこちらを見た。私はごくりと唾を飲み込んだ。

「岸山さんは、今回の〝メール騒動〟をどう考えていますか？」

単なる伝達手段の要望がいつのまにか〝メール騒動〟になっていた。増田さんは気まずそうに口をつぐんでいた。

いや、別に、メールだろうが、電話だろうが、きちんとコミュニケーションがとれるならどっちでもかまわないと思います。私は心の中でそう答えた。でも、情けないことに私はただ押し黙っていた。

「聞いているんですか？　どう考えていますか？」

森岡さんのピリピリした声が胸を突き刺す。

「なぜ、こうした事態になってしまったのか、岸山さんから経緯を説明してください」

加勢するように関根さんが詰め寄ってきた。

しつこいな。どっちでもいいでしょう。そう言いたかったが、声にはならなかった。

私は、利用者がここに電話をかけてきたときからさかのぼって説明をさせられた。

「ねえ、ちょっと待って。岸山さんが利用者を訪ねていったとき、彼が言った言葉、もう一度、正確に言ってみてください」

ビデオを巻き戻しして再生するかのように、私はもう一度、その場面のやりとりを再現させせられた。

「ああ、あなたが彼に取った言動がそもそもおかしかったんだわ」

関根さんが〝判定〟した。

関根さんの判定を受けて、森岡さんは「あなたは利用者とケアマネの間に亀裂を入れました。澤山さんにここに来てもらって、私たちの前であなたと話し合ってほしいと思います」と言った。

汗がにじんでくる。

利用者と澤山さんとの問題はすでに解決しているはずだ。両者ともに納得している。にもかかわらず、澤山さんによるコミュニケーション方法の要望を、どうしてさも重大問題かのようにでっち上げるんですか。

「どう考えているんですか？」「どうしたら改善できると思いますか？」

矢継ぎ早の質問に意識がもうろうとしてきた。*

「お時間いただけませんか。考えさせてください」

私はうなだれながらつぶやいた。

「必ず解決策を出してくださいね」

森岡さんが釘を刺すように言った。

２人がそれぞれの事務作業を開始し、私はやっと放免された。

だが、これでは時間を稼いだだけだ。澤山さんにメールをあきらめてもらえれ

意識がもうろう
9時から11時までの2時間、改善策を出せと責められた。根本的に何をどう間違えたのか理解できていないのだから、答えようがない。自分が何も感じていないかのようにじっと座っていられるのが不思議なくらいだった。

ば、問題はすべて解決する。そう考えた私は、席を外し、事務所の外に出て、澤山さんに電話をかけた。

「先日の要望の件ですが、やはりメールではなく、今後もきちんとこうやって電話でコミュニケーションを取り合ったほうが……」

ちょうどそのとき、事務所から森岡さんが出てきた。慌てた私は「またかけ直します」と言って電話を切った。

「あなた、今、誰のところに電話をかけたの？」森岡さんが見咎めた。

「あの、あの……澤山さんのところに、メールはやめて、電話にしてくださいって頼もうとして」私はしどろもどろになった。

「フライングよ！」森岡さんが叫んだ。

「あなたのために午前中の忙しい時間を2時間もつぶして意見を出してあげたのよ。それをよくもぶち壊しにしてくれたわね」

森岡さんは目を吊り上げ、私に迫ってきた。

私はまたしても何も言えず押し黙った。

「あなた、時間をくださいって言ったんじゃなかったんですか⁉　このセンターがあなたの行為で失った信用をどう挽回するのかということを真面目に反省してもらいたかった。なのに、順番を飛び越えて相手に電話した。あなたは私たちを馬鹿にしているのですか！」

森岡さんは憎しみをたぎらせた目で私を見据えた。

「ごめんなさい。頭が真っ白になっていました」

説明したいこと、反論したいことがすべて押し流され、本当に頭が真っ白になった。私は何も考えられず、ただ深々と頭を下げた。

「そういうときこそ、冷静になれなくて、どうするんですか！」

「あっ、訪問の時間が来ました」

私はカバンをひっつかみ、事務所から逃げ去った。

駐車場までの明るい日差しの道で先ほどの森岡さんの叱責が頭の中をこだましていた。

某月某日　ド素人以下：「許せる行為じゃありません」

ミーティングから1週間が経った。

まだ胸の傷が癒えぬころ、再び悪夢の時間がやってきた。ただひとつの救いは、パートのケアマネ・増田さんの出勤の日ではないことだった。彼女まで地獄の気分に巻き込みたくなかった。

今度は別のケアマネとのやりとりがテーマになった。

ある居宅介護支援事業所の女性ケアマネから私宛に応援を求める電話が来た。彼女が担当する90代の女性が家で転倒したあと、動きが悪くなった。ひとり暮らしで心配なので、私に一緒に訪問してほしい。当日、息子さんも来るので、女性の施設入所の話を勧めたい。ついては私からも口添えしてほしいという依頼だった。

私が指定された午後4時に訪問したとき、ケアマネは女性のおむつを交換していた。失禁がひどいので衣類を着替えさせ、シーツ交換をしたいと彼女は言った。私は手伝った。息子さんは傍らでオロオロしていた。彼は介護をしたことはないし、明日から仕事があると困っていた。

そこでケアマネと私は携帯で電話をかけ、その夜から受け入れてくれるショートステイ先を探しだし、女性を抱えて息子さんとともに施設に向かった。

翌朝、そのときの記録を森岡さんに渡すと、彼女の顔色が変わった。

「この状態でショートステイに連れていくなんて、非常識ではありませんか?」

「転倒したんでしょう。骨折していたらどうするの。なぜ、すぐ病院に連れていかなかったんですか?」いつものように関根さんも加勢した。

近所のかかりつけ医に入院設備はなく、まず食事と排泄の世話をしてもらえる安全な寝場所を確保*することが必要だった。ショートステイには看護師もいる。日を改めて、息子が病院に連れていく機会は作れる。私はそう判断していた。

「痛みは訴えていませんでした。受け答えはしっかりされていて、両脇から支えれば歩ける状態でした」

私がそう弁明すると、

安全な寝場所を確保
入院設備のある病院に行っても、ベッドが空いていなければ即入院はできない。時刻は夕方で病院を探しているゆとりはなかった。確実に今夜、安全に寝かせてくれ、食事を与えてくれ、おむつを交換してくれるショートステイ施設に連れていく。私と担当ケアマネはそこで意見が一致し、本人と息子さんの同意も得ていた。

「だからって骨折していないなんて言える？　あなた、医者じゃないでしょう」

森岡さんが問い詰めてきた。

「ケアマネから電話で話を聞いたとき、緊急性を感じませんでした。自力で起き上がれないほどになっているとは思っていなかったんです」

「あ〜、そのおばあちゃん、かわいそう」関根さんが肩を抱いて身震いした。

「そのケアマネと岸山さんの対応はド素人以下だわ。こんな人たちにしか援助してもらえないなんて気の毒すぎる」

関根さんの悲愴な声は、さらに私を打ちのめした。

「素人ならまだ許せる。ボランティアがしたことだったらいい。だけど、あなたは専門家の仮面をかぶって、お金を取っている。許せる行為じゃありません」*

針のむしろに座らされ、からからに乾いた喉に何度も唾をのみ込んだ。

再び訪問の時間となり、逃げるように事務所をあとにした。

しかし、訪問先で利用者の話に耳をかたむけていても、心はさきほどのやりとりに囚われていた。

許せる行為じゃありません
私はショートステイ先に電話して、女性の様子を尋ねた。落ち着いているということで安心し、地域の診療所に入院を依頼することにした。森岡さんと関根さんに報告すると、２人は何も言わず黙っていた。

森岡さんいわく、私は能力がまるでないのにセンターにのうのうと出勤するケアマネである。

そんなことはないという自尊心と、そうかもしれないという自己否定感が交錯する。

私はもう仕事を辞めるべきか、汚名返上するためがんばり続けるべきか、煩悶した。この職場に来て、まだ9カ月しか経っていない。仕事を投げ出していいのか。いや、もうここでは私の力を発揮することはできない。辞める、がんばる、辞める、がんばる、辞める、がんばる……。生きるためには、生活のためには……さまざまな思いが頭の中に入り乱れた。

そうだ。森岡さんと関根さんにはっきりと聞いてみよう。

私はこれまで2人に、ふつうの主任ケアマネジャーだと思われたかった。そして職場の中でふつうの関係を築きたかった。だから、叱責されても軽んじられても傷ついていないふうを装い、なんとなくその場を取り繕ってきた。

そんな体裁はすべて取り去ろう。このセンターにとって、私は必要なのかどうか、それをはっきりと聞いてみよう。「必要でない」という答えでも構わない。

私の存在がなんなのかを問いかけよう。当たって砕けろだ。

心は決まった。ただ、その日の午後、事務所に戻ってから2人に突進していくには、さすがに消耗し切っていた。勝負は明日に持ち越すことにした。

帰宅してから何度も2人に対峙する場面をシミュレーションしてみた。恥ずかしい話だが、自分の話すべきセリフと、それに対して相手が言いそうなセリフを一人三役で演じてみた。

何度も何度もさまざまなシミュレーションを繰り返している間にぐったりして、気を失うように布団に倒れ込んだのだった。

某月某日　シミュレーション：「辞めさせていただきます」

翌朝、頭は重く、極度の緊張感ゆえ肩のあたりはガチガチし、喉はひりつくように乾き切っていたが、気力は回復していた。

パートの増田さんが出勤する前にやろう。2人が出勤してきてすぐ、私は切り

出した。

「毎日のようにご迷惑をおかけして申し訳ないと思っています。でも、どうか私にも仕事を振ってください」

２人の顔を交互に見ながら、昨晩のシミュレーションどおりに伝えた。

森岡さんは視線をこちらに向けた。色白な彼女の顔がハニワのように見えた。

「そうね。私たち２人だけで３人分の仕事をやっていますからね。それで、あなたに何ができるんですか？」

「私、以前、勤めていた『タンポポ会』のセンターでは地域に出ていって、認知症サポーター養成講座*や介護教室の講師をやってきました。それから地域ケア会議*の司会も務めました」

「それはやらなくていいです。私たち２人でできます」

森岡さんは即座に言った。

しかし、ここでいつものように押し黙ってはいけない。気迫を見せつけるのだ。そう自らを奮い立たせた。

「私はやりたいんです。ぜひやらせてください」声がうわずった。

認知症サポーター養成講座
一般の人に認知症に関する正しい知識を学んでもらうために開くミニ講座。60～90分程度でテキストの講義とＤＶＤ上映を行なう。地域包括支援センターで主催することが多い。私は団地の集会所や公民館、生命保険会社、中学校などに赴き、テキストでの講義のあとで自作の大型紙芝居を披露した。子どもたちは結構、興味を持って観てくれた。私の得意な業務のひとつだった。

地域ケア会議
もともとはケアマネが困難事例を発表し、地域包括支援センターや市役所の各部署、住民で検討し合い、政策につなげようとする会議。ケアマネが要支援１と２の人の介護予防ケアプランを発表する会議でもある。そのケ

森岡さんは関根さんと目を合わせ、意味ありげな顔つきになった。

「あなたは、『タンポポ会』のセンターでちゃんとやれていたつもりになっているの？　あなたの仕事ぶりについては加藤さんから聞いていています」

加藤隆さんの名前が突然、飛び出してきた。思ってもみない人物の登場に息が止まった。

「加藤さんによれば、あなたが辞めてから、センター職員総がかりであなたの後始末に苦労したそうです。あなたが残した利用者ファイルはまともじゃなかったんですって」

森岡さんは面白がるような顔をした。

彼女は加藤さんとどこでどうつながって、そんな話をしたのだろう。心の中に墨汁をぶちまけられたように黒がみるみる広がっていった。

「先日、私、医師会の集まりに呼ばれ、そこで出会ったドクターからも、あなたの良くない評判を聞かされましたよ」

森岡さんが医師会の集まりで出会ったドクターって、私の直属の上司だった三浦院長のことだろうか。

アプランに対して、理学療法士や作業療法士、薬剤師、管理栄養士、歯科衛生士が助言・指導した。ケアマネは詳細な資料を作成しなければならず、自分のプランの不備を指摘されるため、公開裁判のようで嫌だというケアマネも多かった。

「私はあなたが働いていたM市の市役所の介護保険課職員から、岸山さんにはすごく手こずらされるでしょうって同情されたわ」

関根さんにも歪んだ笑みが浮かんだ。

なんだ、今までの攻撃も全部そこから発生していたのか。私は妙な納得をしてしまった。

森岡さんは私の考えていることを見透かすように言った。

「でもね、私はそんな悪い噂を鵜呑みにしたわけじゃないの。私は自分の目を一番、信じているから」

情けないことに、私はその言葉に救いを求めてしまった。私を救ってくれる言葉を期待してしまった。

「私から見たあなたの仕事ぶり……実際ひどかった」

森岡さんが軽い調子でからかうように言った。

「そうよ。私たちがどんな質問をしても、あなた、『私、それやったことないのでわかりません』が口癖だもん」

関根さんが私の口癖を真似て、にっこりと笑った。

たしかに私は優秀な主任ケアマネジャーには程遠かった。臆病で判断力に欠け、失敗は多かった。だけど、いつだって必死で利用者のために問題を解決しようと、あがきながら身を粉にして働き続けてきたはずだ。

「タンポポ会」の地域包括支援センターでの10年間を否定され、自分の墓を掘られ、屍（しかばね）をさらされた気がした。

前夜、一人三役でのシミュレーションとはまったく違うことが起こっていた。頭の中だけで何度も繰り返したシミュレーション。2人から「それでは仕事をやってもらいましょう」と頼まれるパターンAでも、その反対に「あなたにやってもらう仕事はありません。辞めてください」と言われるパターンBでもなかった。

地続きだったのだ。この地域包括支援センターは、「タンポポ会」のセンターとつながっていたのだ。「タンポポ会」を追われ、ここに小さな居場所を見つけたと、いっとき喜んだが、幻想だった。最初からここに居場所などなかったのだ。現実はシミュレーションをも超えて、想像以上に残酷だった。

地域包括支援センターの主任ケアマネジャーというポジションを心の拠り所に

して、ステータス*に感じていた哀れな自分。そんな自分も捨て去ってしまえと思った。いつのまにか吹っ切れていた。

「もうどんな仕事もいただこうとは思いません。ここで仕事ができないのであれば辞めさせていただきます」

そう吐き出したあと、心は鎮まり、動悸はおさまってきた。

「わかりました」

森岡さんは表情をほとんど変えずにうなずいた。

「私はこの9カ月、毎日のように叱責されました。それは全部ノートに記録として取っています。私はそのノートを持って、法テラスに相談に行こうと何度も何度も夢に見ました」

一気に言った。

「あなた、何を言っているんですか⁉」

森岡さんの顔色がさっと変わった。

「それって被害妄想じゃないの？」

関根さんが慌てた。

ステータス
地域包括支援センターの主任ケアマネには冷静沈着でソツがないといったイメージがある。その肩書きに固執する私は、他人に対して自分を格好よく見せようとする気持ちがあった。要するに見栄の塊だった。

2人の表情の変化を見たら、挑発的な言葉を投げつけてやりたい気持ちがむくむくと湧いてきた。

「いいえ、あなたたちは、私が言いたいことを言えないのをいいことに一方的にやり込めてきたんです。あなた方がやったことは明らかにパワハラでした」

言葉に詰まることもなく、流れるように次々にセリフが出てきた。それまで2人の前で感じていた緊張もなく、心は平静だった。

「よく言うわ。何がパワハラよ。あなたのほうだって、いつも言いたいこと言ってたじゃない」

森岡さんが引きつったように笑い、関根さんも取り繕うように笑った。

「私、この業界で、あなたたちのように底意地の悪い人間に出会ったのは初めてです。白衣の天使じゃなくて悪意の堕天使！」

自分の声とは思えないほど張りのある声が出た。

森岡さんは驚いたように口をポカンと開けた。

「あなたは福祉系の学校を卒業後20年福祉に携わってきたと言うけれど、他人の評価をとことん下げることによって自分の評価を上げるだけの人です」

返す刀で関根さんにもぶちかました。

昨夜のシミュレーションでは、こんなセリフは考えていなかった。あたかもアドリブのように次から次へ言葉が湧き出してくる。

「そっちが書いたなら、私も書いてやる！　なになに、私は他人の評価をとことん下げて、自分の……」

関根さんは突如ノートを広げて、頬を引きつらせて、私の放った暴言を書き記し始めた。

「やめましょう。こんな子どもの喧嘩みたいなこと」

森岡さんが関根さんに声をひそめて言った。

「さあ、今から引き継ぎをしましょう。私は退職しますから、それに向けてさくさく進んでいきましょう」

言うだけ言ったら、これまでのことも、目の前にいる２人のことも、もうどうでもよくなってしまった。

２人はいたたまれない表情で沈黙している。

さあ、明日から働き口を探そう。私の気持ちは完全に切りかわっていた。

第4章 まだまだ辞められない

某月某日 **火の車**：垂れ流される赤字

2020年1月、私は自分が暮らすK市に隣接したW市で働くことになった。非正規で職を転々としていた若いころから切れ目なく働くことを自分に課していた。前の職場で起こったことはショックだったが、ひとつの場所で深い痛手を負って、そこでへたり込んでしまったら、二度と立ち上がれなくなりそうで恐かった。骨折して手術をしたら、すぐにリハビリが始まるように、間を置かずに働くことは心身の回復に向けての荒療治だった。

私を雇ってくれたのは、小さなNPO法人で「雀（すずめ）」という。ハローワークの求人募集*に応募したところ、あっさりと採用された。

2つの市にまたがって、それぞれ居宅介護支援事業所と訪問介護事業所、地域密着型デイサービスを運営していた。

「雀」の代表・志賀夫妻は私より年上で、奥さんの広美さんは理学療法士とケア

ハローワークの求人募集
ケアマネの求人は、地域包括支援センターが1割、施設の計画担当者が1割、残りの8割が居宅介護支援事業所だった。

マネジャーを兼ねていた。

「『雀』は高齢の職員に期待しています」広美さんはにこやかにほほ笑んだ。

デイサービスの非正規職員（介護職員や看護師、調理員、送迎ドライバー）の中には80代が３人おり、彼らは、30、40代の正規職員をサポートしている。登録ヘルパーにも80代がいるそうだ。

「在宅介護の事業所の人手不足は年々深刻になっています。市内で事業所の廃業が相次いでいるのは働く人を見つけられないからなの。うちだって、募集しても、誰も来てくれなくて困っていたの」と広美さんは言う。それで66歳の私が応募したら、「私より若い人が来た」と即採用となったのだった。

正規雇用された私の月給は手取りで23万円*、厚生年金や健康保険にも加入できた。地域包括支援センターの報酬より低かったが*、とてもありがたかった。「定年はありません。よかったら80代でも続けてください」という広美さんの言葉が身に染みた。

私が働くことになった居宅介護支援事業所は、訪問介護事業所と共有の事務所を構えている。喫茶店を事務所として改装したそうで、レトロ感あふれる昔なつ

手取りで23万円
ケアマネの報酬としては決して高いとはいえない。それでも零細なＮＰＯ法人としては、なかなか提示できない報酬だと思った。

報酬より低かった
「タンポポ会」の地域包括支援センターでは残業が多かったため、手取り30万円でボーナスも年２回で50万円あった。

かしい電飾看板が軒下にかかって、「ケアプラン・雀」「訪問介護・スズメ」と記されていた。

「訪問介護・スズメ」のサービス提供責任者・野上りん子さんは63歳。黒縁メガネにストレートのおかっぱ頭、インテリ女史風の訪問介護ヘルパーだ。

1週間が経ったころ、広美さん不在の折、りん子さんが私に打ち明けた。

「うち（「訪問介護・スズメ」）は毎月100万円売り上げているの。でも赤字なんだ」りん子さんは眉をひそめた。

「私と事務員と登録ヘルパー4人の給料は100万円で賄える。でも、経費が出るでしょう。ここの家賃が毎月10万円、駐車場代金が6台分で6万円、それにボーナスを出すとなると完全に赤字。毎月20万円くらい赤字なのよ。岸山さんのところ（「ケアプラン・雀」）だってほぼ20万円の赤字よ。だから合せて40万円の赤字なんだ」

私を雇ったら、火の車ではないか。

「でもね、赤字は『デイサービス・雀の庭』の売上げから補填してもらっているのよ」りん子さんはすまなそうな表情になった。

「雀」は、私が働く「ケアプラン・雀」、そして「訪問介護・スズメ」「デイサービス・雀の庭」の３つを運営している。

このうちの「ケアプラン・雀」と「訪問介護・スズメ」はそれぞれ毎月20万円の赤字を出し、「デイサービス・雀の庭」に助けてもらっているのだ。

りん子さんのもとには、市内のケアマネから引きも切らず利用者の紹介がある。「野上は売れっ子芸者だから、今回はそっちのお座敷は無理かな」と、りん子さんは電話口でケアマネからの依頼をジョークまじりに断る。

受話器を置き、「目の前にニンジンぶら下げられて、食らいつくことができない馬だ」と嘆く。訪問介護のオーダーが舞い込んでも、さばき切れずに断っているのだった。

りん子さんの４人の部下は全員、登録ヘルパー*だ。４人とも働ける曜日と時間が限られていた。

りん子さんは早朝に自宅から直行して訪問を開始する。洗顔や口腔ケア、着替え、トイレ介助と朝食介助のモーニングケアから始まり、夜間帯のトイレ介助の

登録ヘルパー
介護保険制度が始まる以前からあった。スキマ時間を活用し、扶養の範囲内で働けるよう調整できるので主婦に適しているとされてきた。だが、利用のキャンセルや利用者の突然の入院・入所などがあって収入は不安定なうえ、移動中は労働時間に含まれないなど、多くの問題点が指摘されている。

ナイトケアで1日が終わり、直帰する。1日7～8軒の家庭を訪問していた。朝から晩まで駆けずり回り、その合間に事務所に戻ってくる。

「正規雇用のヘルパーさえ来てくれれば、もっと仕事を引き受けて赤字を解消できるのに」とりん子さんは悔しそうだ。しかし、求人をかけてもかけても応募はない*という。

私が雇われたことによって、さらに赤字が増える*のはだけはなんとかしたい。そのためには新規の利用者を獲得しなければならないのだ。

火の車から脱出しよう。出勤1週間で私はそう肝に銘じたのだった。

某月某日 ベテランと甘ったれ：介護のプロの嘆き

「ケアプラン・雀」と「訪問介護・スズメ」の赤字を、デイサービス部門「雀の庭」からの資金援助で乗り切っている。つまり、「雀」は3本柱のはずが、1本の柱だけで屋台骨を支え、残りの2本はそれにぶら下がって

応募はない 「訪問介護・スズメ」ばかりでなく、ほかの事業所も同様。なにしろ訪問介護ヘルパーは有効求人倍率15倍なのだ。

赤字が増える 私がそれまで勤務していた地域包括支援センター

いる状態なのだ。

その大黒柱「デイサービス・雀の庭」は私たちの事務所とは離れた農村地帯にある。定員が16人で、零細規模である。築１２０年の平屋の農家を借り、座敷に年代物のテーブルと椅子を配置してある。

「デイサービス・雀の庭」の縁の下の力持ちは高齢の非正規職員たちだ。その中で最若手・68歳の白井陽子さんは異彩を放っていた。りん子さんと気が合う友人で、鼻っ柱の強さも２人は双璧をなしていた。

利用者には優しく丁寧だが、「ここの若いモンたちは向上心に欠ける」と陽子さんは正規職員たちには辛らつだ。

「雀の庭」は横並びの人間関係*を大事にしている。肩書きもユニホームもない。肩書きはないが、実質的リーダーは43歳の男性・柴田さんだ。のんびりとして包容力があり、「雀の庭」の長兄の風格があった。

大学を卒業して就職したファミリーレストランで店長になったが、苛酷な労働で心身をすり減らし、アルコール依存症になって入院した過去がある。知り合いを通して、代表・志賀夫妻を紹介され、10年前、デイサービスの起ち上げに関

は赤字になることはない。人件費などの運営費はすべて市役所からの委託金で賄うことができる。地域包括支援センターはたしかに忙しいが、収入面では恵まれていたといえる。居宅介護支援事業所は、ケアプラン作成料のみが唯一の収入源という、非常にシビアな世界だ。

横並びの人間関係
介護業界はタテ社会とヒエラルキーにしばられていて、一般社会からすると、カビが生えたような古い体質を維持している。威張っている人とペコペコする人がいる。私は「タンポポ会」でこの体質に悩まされた。しかし、「雀」グループにはそういうところがない。みんな対等だという自由な空気があった。この雰囲気は魅力的だった。

わった。

最近、柴田さんはよく休む。車を運転してデイサービスに向かっている途中、朝陽が目に入り、「チカチカした次の瞬間めまいがした」と言い、そのまま家に引き返した。別の朝は運転中に下痢になり、激しい腹痛に襲われたと告げ、仕事を休んだ。

「めまいだの下痢だので簡単に仕事を休むなんて、そんなヤワでどうするね」と陽子さんは息巻いた。

陽子さんは30代で国立ハンセン病療養所に就職し、60歳の定年まで勤め上げたのだという。

陽子さんが働いたのは後遺症のもっとも重い人たちが暮らすセンターだった。両手が変形し使えない人、足を切断された人、目の見えない人……患者たちが欲している介護を、陽子さんは全身全霊で探り当てようとした。

世間からのすさまじい偏見や差別に遭い、親兄弟や故郷から引き離された患者だからこそ、心底、敬い、丁寧に接した。ご飯を食卓に置くとき、見えない人の手を取り、「ここにホウレン草の胡麻和えがあります」「ここに豆腐とワカメのおみおつけがあります」とゆっくりと説明をした。

入浴介助のときは、末梢神経が侵され、釘が刺さろうが、火傷（やけど）をしようが感じない患者の身体のすみずみまで傷はないかと観察をした。一人ひとり洗ってあげる方法は異なる。髪の洗い方やバスタオルの拭き方まで、みんな違ったという。

そういう彼女だから、「雀の庭」でも若い介護職員たちに苦言を呈してしまう。

「じっと耳を澄まし、相手がしてもらいたい介護を感じ取るんだよ。目配り、気配り、心配りなんだ。介護の世界がどんなに奥深いものか探求心を持ってちょうだい」

しかし、残念ながら、陽子流の介護の神髄には、誰もついてはいけない。

私も陽子さんの介護に敬意を払う。しかし、陽子さんの仕事への気負いや隙のなさに圧倒されもする。もし自分の職場に陽子さんがいたら、働きにくさを感じるだろう。

陽子さんは「あんたら、給料が安くて、年収300万円以下なんだろ。それに甘んじて低レベルの介護しかできなくても平気なのかい。『雀』に逃げ込んでのんびりすごしている。だからいつまでも貧乏で底辺から抜け出せないんだ。ここをもっと発展させたいと思わないのかい？」とたたみかける。陽子さんにとって「雀の庭」の正規職員たちは〝甘ったれの負け組集団〟なのだ。

しかし、どんなに発破をかけられても、限界がある。築120年の農家では一日16人の利用者しか受け入れることはできない。それで精いっぱいだ。

いや、「デイサービス・雀の庭」は結構、健闘しているのだ。*5人の正規介護職員と、9人の非正規で給料を分け合い、かつ残った40万円を、ケアプランと訪問介護事業所に援助してくれている、「雀」の太い大黒柱なのだ。

それだけでも私は「デイサービス・雀の庭」に頭が上がらない。

陽子さんが不在の折、柴田さんが戸惑いながら私につぶやいた。

「底辺、底辺って、今のままじゃダメですかね？」

「そうですねえ」

私は柴田さんの質問から逃げた。

たしかにデイサービスは、才覚や努力、アイデアで儲かるような仕事ではない。

陽子さんの一生懸命さは、柴田さんたちの職場で浮き上がり、空回りしていた。

陽子さんは、ときどき出勤日ではない日に、私たちの事務所に豆大福を持って

健闘している
1カ月400万円を売り上げていた。2018年の介護報酬の改定で、中小零細規模のデイサービスの介護報酬は3割削減された。「雀の庭」は深刻な経営難に直面しつつも、それを乗り越えてきた。

やってきて、りん子さんに向かって愚痴る。

「あたしたち年配の非正規はね、年金が少ないから死ぬまで働くよ。『雀』がつぶれたとしても、どこでても働ける。でも介護の腕を持たない若いモンたちはこの先、どうなるんだろうね」

陽子さんは濃い眉毛を上げ下げしながら豆大福を頬張り、お茶をすする。

某月某日　ホステス：「うらぶれた人間になるなよ」

脳血管性認知症と診断された72歳の今村美也子さんは、エレベーターのない4階建て市営住宅の3階にひとりで暮らしている。

初めて会った日、美也子さんは暗い6畳間で万年床に横たわっていた。

前任のケアマネ*が声をかけると、上半身を起こし、煙草に火をつけ吸い始めた。苦し気な息をしている。

美也子さんはほとんど話をしない。放っておけば、一日中、カーテンを閉め

前任のケアマネ　市内のある居宅介護支援事業所のケアマネが急に退職することになり、私に7人の利用者を紹介してくれた。私にとっては棚からぼた餅であった。一緒に引き継ぎに回った。

切った部屋の中、煎餅布団で寝てすごすという。ただただ何もやる気が起きず、日がな一日ぼうっとしている。煙草を切らしたときだけ立ち上がり、ふらふらした足取りでコンビニに向かう。生活保護を受けていた。

前任のケアマネは丁寧な人で担当者会議*を開いてくれた。

美也子さんの暮らしを支えているのは、3人の登録ヘルパーだ。3人は交代で毎日、午前中に来て、食事を作り、洗濯物を干し、掃除をし、買い物に行く。

美也子さんが食事を終えると、一日一回の薬を飲ませる。一日一食であるが、それ以上はいらないと美也子さんは首をふる。そして、週2回、昼から夕方まで半日型のデイサービスに通う。お風呂に入れてくれ、スープとイチゴやオレンジを出してくれる。美也子さんはそこを気に入っていた。

極端な省エネモードで生きている美也子さんは笑いもしなければ、怒りもしない。本人が望んでいる暮らしとはいえ、このままでは早晩、本格的な寝たきりになってしまう。その前に手を打たなければならない。

市内に暮らす娘がたまに訪ねて買い物をしてくれたりするという。私はこの娘を美也子さんを前向きにするきっかけにしたいと考えたが、引き継ぎのとき、彼

担当者会議
ケアマネとサービス提供事業所の担当者が自宅に集まり、利用者と家族を囲んで、意見を出し合い、ケアプランの内容を検討し合う。美也子さんの場合は訪問介護ヘルパーとデイサービスの相談員が来てくれた。

女は現れなかった。

２回目の訪問時、玄関の鉄扉の鍵はかかっておらず、声をかけながら部屋の中に入った。人間が寝ているとは思えないほど薄い布団のかさに胸が痛んだ。

「美也子さん、電気つけていいですか？」と聞くと、「いいわよ」とくぐもった声で答えてくれた。

「郵便物を開けて、分類してもいいですか？」

私が郵便物やポストのチラシを仕分けするのを、上半身だけ起こした美也子さんが煙草を吸いながら見るともなしに見ていた。

「美也子さんはどんなお仕事をして、娘さんを育てたんですか？」

女手一つで２人の娘を育てあげたと、前任のケアマネから聞いていた。パワーがあったころの美也子さんの片鱗を知りたくなった。

「ホステス」美也子さんはボソッと答えた。

腑に落ちるところがあった。美也子さんははかなげな美しさを漂わせている。

「売れっ子だったんでしょうね。ナンバーワンですか」と私は聞いた。

「どうだか」と美也子さんは苦笑いした。私の問いかけに初めて感情を見せてくれた。

「どんなお店だったんですか？」

「新宿のハワイ」美也子さんはそう言い、煙草の火を消した。

「エーッ？」私は声を上げた。

「ハワイですか。私もハワイで働いたんですよ。お店ではなく、託児所でホステスさんのお子さんの世話をしていました」

今度は美也子さんが驚いたように目を見開いた。

私たちはひとしきりキャバレーハワイの思い出話を交わした。私は美也子さんを身近な人に感じるようになった。

1970年代半ば、私立大学の夜間部を卒業した私は、就職試験に落ち続けた。故郷の港町でようやく雇ってもらえたのが「清水ハワイ観光*」だ。3年半働いたが、すでに私が入社したころから、経営にかげりが出てきていた。

私は広報を担当し、いくつかの店舗に取材に行った。

フラダンスを踊るキュートな女の子のイラストの看板、カラフルでポップでありながら、どこかあか抜けない玄関、中は大音響の音楽とミラーボールが放つ光

清水ハワイ観光
当時、「ハワイ」は北海道から九州まで１５００店舗あった。フランチャイズ形式でフード産業全国1位を誇っていた時代もある。「清水ハワイ」は社長が27歳で、１００

の洪水だった。ゴーゴータイムでは、黄色いミニスカートの女性たちがオレンジ色のボックス席に立って、ディスコのように踊る。女性たちが箱を持って店内を駆け巡り、お客にカンパを募った。３カ月に１回、募金活動*をして、母子家庭の支援に使ってと福祉事務所に持っていった。

ハワイで働く若者は幼いころから貧乏な人ばかりだった。いつまで経っても世間から蔑(さげす)まれ、軽んじられる職業にしかつけない人間であることを、誰もが自覚していた。「みんな、稼ぎまくって3年で水商売から足を洗えよ」と社長は口癖のように言っていた。

私は広報担当のあと、託児所に異動し、子どもたちの世話をすることになった。年々、ハワイは衰退し、ついに解体した。

「みんな、40、50になって、うらぶれた人間になるなよ」

清水ハワイの社長の言葉が忘れられなかった。

美也子さんと向き合っていると、40年以上前の記憶が鮮明に脳裡によみがえってくる。

１カ月後、ようやく美也子さんの娘と出会うことができた。

人のホステスやボーイたちの平均年齢は25歳、彼らは団塊の世代だった。

募金活動
全国の店が競って、身体障害者施設に掃除と遊びのボランティアに行ったり、母子家庭のために奨学金を作ったり、那須にホテルを建てて生活保護を受給している高齢者を６００人も招待したりした。ハワイの会長は身体の不自由な高齢者をもてなす施設を構想していた。会長は、自分の稼ぎの一部を、働けない人たちに分けてあげ、かつ奉仕しようと、従業員たちに常に呼びかけていた。会長の発想は30年くらい早かったのかもしれない。介護保険制度があったら、介護事業に参入できただろうに。

「忙しくってたまんないのよ。中学生と高校生の子どもがいて、食べ盛りで。シングルマザーだからかけもちで仕事しないと」

娘は慌ただしい日々の中で、通院や雑多な手続きに時間を割いてくれていた。毎日ヘルパーが入ってくれていても、こうした家族の関わりはとても大事だ。

「ママ、ごめんね。もう行かなくちゃ」

彼女が帰ったあと、「美也子さんに似てすごく美人ですね」と話しかけると、美也子さんは横たわったまま豪快に笑った。大きな笑い声を聞いたのは初めてだった。

けれど笑顔は長続きせず、美也子さんはすっと気だるげな表情に戻ると、「電気を消して」と頼み、弱々しい咳をした。

某月某日　ワンマンショー：恐るべき訪問看護師

「新しいケアマネさんが入職されたとお聞きしましたので、ごあいさつにまいり

ました。私どもは1年前に開業いたしました」

そう言って「ケアプラン・雀」を訪れたのは、近所にある訪問看護ステーションの責任者・武内冴子さんだった。

名刺とパンフレットとともにコロナ対策用の消毒液を差し出した彼女は小柄だが、はじけそうなパワーを感じさせる人だった。

「武内さんが経営者ですか？　お若いのに立派ですね」と感心すると、

「あらぁ、こう見えてもアラフィフなんですよ」武内さんはケタケタ笑った。

私は今まで何人もの訪問看護師に助けられてきた。がん末期でひとり暮らしをしていた人、老老介護で寝たきりの人、重度の認知症の人、たくさんの人たちのケアを訪問看護師に支えてもらった。入浴介助や褥瘡の処置、服薬管理、摘便*、点滴から看取りまで訪問看護師は一手に引き受けてくれる。

「ケアプラン・雀」でも、いつでも気軽に声をかけ、頼りにできる看護師を探したいと考えていたので、武内さんとの出会いは心強いものに思えた。

ある日、私は83歳の木元正文さんを担当することになった。15年にわたって、

摘便
自然排便ができない人について、肛門から指を入れて便をかき出す行為。医療行為であるため、医師や看護師が行なう。

胃がん、胆管がん、食道がん、膵臓がん、舌がん、悪性リンパ腫などの病気と闘い、大学病院で手術と治療を繰り返してきた。大学病院では治療をやり尽くしたということで、近くの病院に通っていた。介護保険を利用するのは初めてで「要介護3」の認定を受けた。

木元さんは痩せ細っているが、気骨ある人で礼儀正しかった。奥さんがひとりで介護にあたっていた。夏ごろから病院に受診するのが体力的にきつくなってきたこともあり、私は訪問診療を提案した。医師を見つけ、医師の訪問後には、訪問看護の利用も勧めた。木元さんは最初、ためらっていたが、「試しに使ってみましょう。合わなければ、断ってもいいんでしょう」と返事をくれた。

私はさっそく武内さんに電話をして、仕事を依頼した。武内さんの反応は打てば響くといった感じで、はつらつとして気持ちのいいものだった。

しかし、「1回の訪問時間を30分でやっていただけますか」と私が頼むと、武内さんの声のトーンが変わった。

「木元さんにお会いしてから決めます。全身状態を把握して、必要なサービス内容を判断しない限り、時間は決められません」

「今、必要な処置は足の爪切りと食欲不振への助言だけです。訪問診療も始まりましたし、何かと費用がかかるので、30分だけにしてほしいのですが」と私は申し入れた。

訪問看護は30分からが基本で、体調を見るだけなら30分で十分である。また、利用者負担は1割で約467円、この額が倍になるのは木元さんにとっても痛いと私は判断した。武内さんのステーション*への報酬は4670円になる。それとてまずまずの金額ではないか。

しかし、電話の向こうで武内さんがいい顔をしていないことは感じ取れた。

総じて、ケアマネジャーは看護師に頭が上がらない。ケアマネのもともとの職業は介護福祉士や社会福祉士といった福祉系が多い。看護師の中には、福祉系労働者を医療知識のない素人という目で見る人もいる。

木元さんと武内さんの初顔合わせの日がきた。木元さんは寝室でベッドに横たわり、寝室に接した居間のテーブルで武内さんと私、奥さんが向かい合った。

武内さんはステーションの契約書や重要事項の中味、業務内容、金額、支払い方法を矢継ぎ早に説明していった。すでに何百回も繰り返し、しゃべり続けてき

武内さんのステーション　自転車で町内を回っていたとき、武内さんの事務所の前を通りかかった。老朽化した2階建てのアパートの1階にあり、外観から察すると2Kくらいの広さに見えた。訪問介護やデイサービスより、はるかに報酬が高い訪問看護ステーションといえども経営はたいへんなのだろう。

たのであろう。立て板に水だった。

「木元さんの訪問時間は1時間、約900円のご負担でございます」という部分では、高い声をさらに張っていた。

ちょっと待って。木元さんの全身状態を把握してから判断するのではなかったか。

だが、私は抗弁できなかった。悲しいかな、福祉系労働者は医療従事者の話の腰を折ることができない。

《1時間900円、毎週1回、金曜日、午後3時から4時》と書かれた紙を奥さんに手渡した。すでに訪問予定までが決められていた。

武内さんはにこやかに、かつ熱っぽく続ける。

「奥さん、訪問看護は介護保険を利用する場合と、医療保険を利用する場合がございます。このたびは介護保険でのご利用となります。でも、医療保険はさらにお得でございます。今後、ご主人に胃ろうや点滴などの治療が必要になったときにはすぐ医療保険に切り替えます。1日に3回でも4回でも私たちは訪問いたします」

あなた、木元さんを瀕死の状態に追い込みたいのか。

私は恐る恐る、ベッドで横向きになって目をつむっている木元さんをうかがった。武内さんの弁舌が、聞こえにくい彼の耳に届いていないのを見て、少し安心した。

「しかもですよ、奥さん。使いたい放題でございます。後期高齢者のご負担は1カ月1万8000円が上限で、私たちが何回訪問しようが、それ以上のご負担は発生いたしません」

私は苛立っていた。武内さんに木元さんの話をもっときちんと聞いてほしかった。その心身の状態をちゃんと聞き取ってほしかった。

「R大学病院がスタートでした。結婚してこちらに来て、S病院で循環器の看護師として20年経験を積んだ後、昨年春、この地に訪問看護ステーションを開設いたしました」

武内さんのワンマンショーだった。木元さんの奥さんは目を白黒させながら、このどうでもいい自慢話を懸命に手帳にメモしている。

「1年間で利用者さんは100人を突破しました。3つの市にまたがり、サービスを提供しております。看護師は7人です。この4月には居宅介護支援事業所を設立し、ケアマネ3人を擁しております」

彼女の独演会はきっちり1時間で終わった。

「私がステーションを開業したのは、やすらぎの家*を建てたいからです。一番困っていて、一番看護を必要とする死にかけている人たちへ安らげるお家をご用意したいのです」

そう締めくくると、彼女は木元さんの枕元にひざまずき、「これから私たちを家族と思ってください」と木元さんの手を握りしめた。

武内さんは背中に大きな黒いリュックを背負い、同色のショルダーバッグ2つをたすき掛けにして肩から下げて、玄関に向かった。血圧計や聴診器のほか医療道具がぎっしり詰め込んであるのだろう。今にもそっくり返りそうな彼女は意気揚々として凱旋する女将軍にも見えた。

やすらぎの家
マザー・テレサの「死を待つ人の家」を再現しようとしているのかと私は勝手に空想をふくらませた。武内さんの野心を感じ取ってしまった。

某月某日　ライブ配信：娘の副業

病院勤務3年目のある日、娘は「副業をする」と言い出した。

娘が選んだ副業は〝ライバー〟だった。看護師との両立にピッタリなのだと娘は主張した。娘はスキューバダイビングが得意だったから、私はてっきりダイバーなのだと思った。危険なバイトだと心配になった。

「ダイバーじゃなくてライバー」と娘は言った。

自分のスマホを使ってライブ配信をする人のことだという。何事か演じると、視聴者が投げ銭をしてくれる。トークや演技に対するおひねりのようなもので、それが収入になるらしい。

高校と大学、7年間所属したダンス部での経験を活かし、ダンスを披露し、アニメをテーマにした話題を提供し、歌を歌い、その他のトークを組み合わせる動画を配信した。

仕事が日勤帯の夜と当直明け、夕飯を食べ、風呂に入ると、ウサギのように髪をしばって秋葉原のメイド風か、アニメのキャラクターのような銀髪のかつらをかぶってコスプレをしてライブ配信に励んだ。

そんな愚かなことはやめろとは言えなかった。

私は10年間、ひとり芝居を公民館へ行っては披露していたのだ。ハワイアンの衣装や股旅物の三度笠や道中合羽、防空頭巾まで、コスプレをずいぶんやってきた。あれといったい何が違うのか。私は高齢者に向けての啓発活動で、あんたのパフォーマンスは怪しいなどと娘を侮辱することは忍びない。人を楽しませることに貴賤はない。

2階の自室で娘の生ライブ*は繰り広げられた。80人の視聴者がいて、毎月、みんながくれる2万円のギフトに娘は感謝していた。コロナ禍での看護師の現場の苛酷さを、自分自身が視聴者から癒やされていたのかもしれない。

娘はときどき扉を開けて、私を手招きして呼んで参加させた。

「ただいま、仕事から帰ってきたところです」と私が言うと、視聴者の人たちは「お疲れさま、お母さん」と口々に言ってくれる。娘の歌声に合わせて踊ること

娘の生ライブ
娘のライブ中、夫は台所にこもって黙々と料理に専念していた。明日の3人分の弁当を作ったり、ラッキョウを漬けたり、作り置きおかずに精を出していた。

もあった。

「お母さん、それ、なんていうダンス？」視聴者は聞いてくれた。

「介護予防ダンス」とノリノリで私は答えた。

娘の部屋を一歩出ると、後悔に襲われた。こんな年になっても「おだっくい」のままなのだ。

毎晩、娘の部屋の前で足を止めた。歓声を上げているとき*もあれば、馬鹿笑いが響き渡ってくるときもあった。

良いか悪いか、ではなく、これが娘の人生なのだ。

２０２１年4月、29歳のとき、娘は海の匂いのする青年と結婚し、神奈川県へ行った。コロナ禍なので結婚式はしなかった。看護師の仕事は続けるという。

家は私と夫との２人きりになった。今夜も娘の部屋の前で足を止める。１年間聞いた馬鹿騒ぎはもう聞けない。

歓声を上げている
視聴者から投げ銭をもらうと、大げさなリアクションをして、喜びを表現しているのだった。

某月某日　ロシアンルーレット：あるおじさんケアマネの告白

1日に1回は、はらはらする。

デイサービスの迎えに行ったのに本人がいなかったとか、訪問介護ヘルパーが訪ねたが不在だったとか、そんな連絡が入るたびに、「いったいどこに行ってしまったのか」「まさか死んでいるんじゃないだろうな」などと頭を抱える。

当の本人がすっぽかしたことを忘れて、ゆうゆうと買い物から帰ってくるまで、はらはらと気を揉んでいる。

それでなくても、「滑った」「転んだ」「つまずいた」と聞くだけで、すわ骨折か、歩けなくなってしまわないかと、はらはらする。

サービス事業所から電話が来る。

「あのぅ、石田さんのことですが……」と相手が口ごもったりすれば、「石田さんに何かあったんですか⁉」と身を乗り出して大声を張り上げ、相手を驚かせてしまったりもする。

おおげさとあきれられるが、毎日ジェットコースターに乗っている気分なのだ。もう20年もやっているんだから、と言われても、こればかりは慣れることがない。日々こんな具合だから、もう心臓なんかボロボロだろうと思うが、毎年、心電図は正常、健康そのものだ。

傍からみれば、ケアマネは口が達者で、すごい度胸を持っているように思えるかもしれない。介護サービス提供事業所の人には「ケアマネうざい」とか、「ケアマネ何様」とか嫌われることもある。でも、そんな一見強そうなおばちゃんでも内心はハラハラドキドキしているのだ。

60代のおじさんケアマネの澤井健一さんはもともと柔道整復師だった。

奥さんに「パパ、ケアマネになってみたら」と勧められて、一念発起してケアマネになったという。合格率10％台の試験に受かったとき、奥さんから「パパ、すごい！」と感激されたと自慢げに話してくれた。

澤井さんはある居宅介護支援事業所に就職した。

初めてまかせられたケースが、認知症の90代の夫婦のケアだったという。夫婦ともに認知症の症状が進んでおり、澤井さんは相当苦労したという。

ケアマネはできるものであれば、担当件数を多く持ちたい。件数が多くなれば、ケアプラン作成料*が増え、所属する事業所に貢献*できる。

しかし、重たいケースだと多く持つことができない。激しいケースを担当すると、5人分、いや10人分に匹敵するくらい時間と労力、精神力を消耗させられることもある。さんざん振り回されたあげく、出入り禁止を食らうことだってある。

3件の新規の依頼が事業所に持ち込まれたとする。誰がどのケースを担当するかは、みんなで話し合って決める。誰だって、穏やかなケースを担当したい。

2人暮らしの〝認認介護*〟や、75歳の子どもが１００歳の親を虐待するケースなどが持ちこまれるたびに澤井さんは、

「ロシアンルーレットみたいで、自分に当たらないか毎回はらはらしていた」

と述懐する。

穏やかなケースに当たるか、深刻なケースに当たるか、運次第*という側面がある。そして、どういうわけか、困難ケースばかり引き寄せてしまうケアマネもい

ケアプラン作成料
居宅介護支援事業所のケアマネの収入源はケアプラン料金である。1カ月分のケアプラン作成料金は、「要介護1」「2」は1万７７６０円、「要介護３」～「５」は1万３９８０円。ただしこの金額に地域の上乗せ割合がある。地域ごとに人件費などの地域差があることが考慮され、全国の地域区分は1級地から7級地、その他の区分の8級地に分けられている。すべて保険から給付され、利用者の負担はない。

所属する事業所に貢献
ケアマネは件数を多く持っても自分自身の売上げになるわけではなく、

る。

澤井さんは5件の困難ケースに取り組み、悪戦苦闘した。同僚も手を差し伸べてくれた。

しかし、そのうちごくふつうのケースまでこじらせて、手に負えないようにしてしまうと、同僚たちの視線も厳しいものになった。

いつしか事業所内に身の置き場がなくなってしまった澤井さんは早々にケアマネに見切りをつけた。

わずか1年間のケアマネ生活を振り返って、

「もう二度とあんなはらはらは味わいたくない」

と言っている。

某月某日　疑似家族：気がかりな〝妹〟

利用者やその家族を、いつの間にか身内のように感じている。利用者からも

給料にも反映されない。ただケースが多いと、能力が高いと評価されることはある。

認認介護
認知症の要介護者を認知症の介護者が介護していること。80代の老老介護世帯の11組に1組が認認介護であるという試算もある。

運次第
利用者にとっても、できるケアマネに当たるかどうかは運次第だ。ただし、利用者は「この人、使えない」と思ったら、即刻ケアマネを交代させられる。

「岸山さんって、なんだか親戚みたい」と言われることがある。嬉しくなる。

当たり前のことだが、ケアマネジャーは友人でもなければ家族でもない。それでも、心情的に利用者の身近な存在になってしまう。

子どものころ、私はよその家族の一員になるのが得意であった。

私が生まれて半年後に実父は海の事故で亡くなった。4歳のとき、母は私を連れて再婚した。私が7歳のときに妹が生まれたが、遊び相手にはならなかったので、私は、育ての父の親戚筋にあたる隣の家に入り浸っていた。

わが家もバラックだが、隣の家も負けず劣らずバラックだった。

そこに、私より4歳年上の姉と、2歳年上の妹の姉妹がいた。父親は大酒飲みの肉体労働者でいつもクダを巻いていた。母親はヒステリーでわめき散らしていた。

この2人の子どもとは思えない美少女姉妹を私は大好きだった。壮絶な夫婦喧嘩が繰り広げられる中で、姉妹とトランプやゲームに興じ、お茶漬けやチキンラーメンを食べ、人形の服を作ってもらい、編み物を教えてもらった。

歩いて10分のところに海があり、この家族はときおり浜辺*に布団を敷いて眠った。私も参加した。波の音を聞きながら月夜を仰いで眠りに落ちた。そんなとき、本当にこの家の末っ子になった気分だった。

子ども時代の幸せな記憶は何十年経ても色あせず、その片鱗が残っている。今でも、利用者と家族の団らんに紛れ込み、ちゃっかり親戚の一員のように座っている自分がいる。

最近、妹のように感じる人*が数名できた。本当の妹は神奈川県で平穏に暮らしているので、世話を焼いてあげることはない。その代わりと言ってはおかしいが、妹のような人たちに向かって、熱心にアドバイスをしている。「頼りになるお姉ちゃん」役を演じているのだ。

今、もっとも気がかりな妹は、八代由衣さんだ。40代半ばだから娘のようなと言ってもいいかもしれない。

由衣さんが「ケアプラン・雀」の事務所に初めて相談に来たのは、３月の半ばだった。ほっそりとして古風な感じの女性だ。彼女は独身で90歳の父親との２人暮らしだという。

浜辺
駿河湾に面した半島の付け根にある浜。富士山を望む景勝地で、のちに世界文化遺産になった。

妹のように感じる人
利用者の妻や娘たちである。あわてんぼうの妹、しっかり者の妹、愛らしく勝ち気な妹、聡明で堅実な妹……いろいろなキャラクターの妹たちがいた。

1年前、父親の栄治さんは尿管がんを患い、大学病院で手術をした。退院後は市内のJ病院の泌尿器科でフォローをしてもらっていた。申請をして、「要介護4」の認定を受けたが、介護保険サービスを使わないままできた。

「父は思うように動けなくなってきました。1カ月に1回、J病院に私が連れていっていますが、診察を待つのがつらくなってきました」

栄治さんは最近めっきり衰えているようだ。

「お父さんは介護保険サービスが必要じゃありませんか。私、お家を訪問して、お父さんにお会いしたい」

私がそう申し出ると、由衣さんは首を横に振った。

「父は家に人が来るのをとても嫌がっています。『こんなに汚く狭い家に誰も呼んじゃいけない』って」

結局、その日は何も決められないまま、由衣さんは帰っていった。

こういうときの対応は難しい。こちら側がどんどん入っていこうとすると相手は引いてしまう。といって放っておくと、取り返しのつかない事態になる。

1週間おきに私は由衣さんの会社の昼休みを狙って、電話をかけた。父が反対すると言って断り続けたが、ある日、彼女の声色が違った。

「父のお尻の上の皮膚が真っ赤にただれています。２日前から身体がぐにゃぐにゃになって立てません。両方の足のくるぶしがブヨブヨに腫れてきました」

由衣さんの言葉からただならぬ状態になっていることがわかった。

「岸山さん、どうしたらいいですか？」

初めて由衣さんが私を頼る声になっていた。

「菜の花クリニックに明日の往診を依頼します。私が頼んでおきます」私が決めるしかなかった。

翌日、往診の医師が急遽、昼休みに駆けつけてくれることになり、由衣さんは仕事の休みを取り、私は初めて八代家を訪問した。

私はトイレの前でうずくまる栄治さんの紙おむつを由衣さんとともに取り替え、栄治さんを抱えて布団まで運んだ。

「こんな汚ねぇ家に誰も呼ぶなって俺は言ってたんだ！」

栄治さんは細い目をむくようにして私を見た。

どうしてこんなになるまで、誰にも助けを求めなかったのかと歯がゆかった。

いくら父親が頑なに拒むからといって、由衣さんはひとりで抱え込みすぎた。

ほどなくして、菜の花クリニックの医師と看護師、医療相談員が来た。

医師は、仙骨の褥瘡、くるぶしの腫脹(しゅちょう)、左脇腹の腫瘤、肋骨の打撲をひとつひとつ確認したあと、栄治さんの枕元に座って、かがみ込むようにして聞いた。

「八代さん、これから、どうしたいですか？　お家で暮らしたいですか？」

「先生、俺をJ病院に入れてくれ。あそこなら1カ月、12万円で入院できる。俺の年金は14万円しかねぇ。貯金はない。立派な施設にゃ入れない。このままじゃ、娘は仕事にも行けねぇ。* 俺の世話なんかしちゃいられねぇんだ。俺をJ病院に入れてくれ」

栄治さんは仰向けに寝たまま、医師に懇願した。由衣さんよりはるかに雄弁で、強い意志を感じさせた。

医師はしばらくじっと考え込んでいた。重苦しい空気が流れた。

「J病院に入院できるよう、先生から頼んでいただけないでしょうか」

布団の隅に座っていた私も八代家の家族のような顔をして医師に頭を下げた。

夕方、ほかの家の訪問を終わって事務所に戻ると、由衣さんから電話があった。

娘は仕事にも行けねぇ
栄治さんは共倒れになることをとても恐れていた。本当は家で介護を受けたいと望んでいても、栄治さんのように入院させてほしいとか、施設に入れてほしいと頼む人はしばしばいた。

「岸山さん、J病院への入院が決まりました。明日、10時までに病院に入るようにと菜の花クリニックの先生に言われました」

私も肩の荷を下ろした心地で受話器を置いた。この時点で、八代親子のために一肌脱いで一件落着したような気になっていた。

ところが、事態は急展開した。

某月某日　**入院拒否**：放り出される瀕死の患者たち

翌朝9時、私は栄治さんを支えて団地の階段を下り、由衣さんの運転するクルマに栄治さんを乗せた。由衣さんはJ病院に向かった。私の仕事は終わったと大きく息をついた。

ところが、それから1時間半後、2件目の訪問先を出て自転車に乗っていた私の携帯が鳴った。由衣さんからだった。

「岸山さん、J病院に着いたら、入院の話なんて聞いていないって言うんです。

主治医はその症状じゃ自分は診られない*って言って、脳外科に回されました」

由衣さんの声は切羽詰まっていた。

「なんですって？　何かの行き違いだよ。私が菜の花クリニックに聞いてみる」

道ばたに立ったまま、電話をした。医療相談員が出た。

「先生の紹介状は、今朝きちんと私がJ病院にファックスしています」若い相談員は毅然と答えた。

「すぐにJ病院に電話をして、向こうの医療相談員に説明してください。なんにしてもすぐに入院させてください」と私は頼んだ。

3件目の家を訪問した。頭の中は栄治さんと由衣さん親子のことでいっぱいで目の前の利用者の言葉が全然、頭に入ってこない。

そのとき、再び携帯が鳴った。

「岸山さん、父は入院できませんでした。あっちに行ってCT、こっちに行ってレントゲンと、父を車いすに乗せてぐるぐる回りました。小脳と視床下部に腫瘍ができていて、転ぶようになったのはそのせいだそうです。肺にがんが転移し、肋骨は骨折していました。でも、なんの治療もできないそうです。電子カルテを

自分は診られない
栄治さんの主治医は泌尿器科の専門医だった。栄治さんの症状は泌尿器科の範囲を超えていたのだろう。1年間、主治医を務めてきた医師はまったく栄治さんを診ようとはしなかった。

見たら、『パンデミックのため入院困難』と書いてあったんです。私は父を家に連れて帰ってきました」

事務所に戻って机に弁当を広げたが、涙がこみ上げてきて、味がしなかった。

非力な妹は、J病院でたったひとりどんなにつらく心細い思いをしたかと思うと胸が張り裂けそうになった。

コロナに備えての病床確保はわかる。それでも今、助けを求めている人の手を振り払うようなことをしてもいいものだろうか。

頼る場所は1カ所しかなかった。

私は由衣さんの同意を得て、愛和訪問看護ステーションに電話をかけた。市内で定期巡回・随時対応型訪問介護看護*をやっているのは、ここだけだった。

所長の長田純子さんにこれまでの経緯を説明すると、「わかった。今からその家に行く」と即答してくれた。

「J病院はひどいの。パンデミックを理由に、瀕死の患者さんたちを放り出して、クリニックや私たちのステーションに投げ捨ててくる」

定期巡回・随時対応型訪問介護看護
訪問介護ヘルパーと訪問看護師が利用者の自宅を訪問する24時間対応の介護サービス。1日に複数回訪問する。定期での巡回と同時に随時での対応もする。夜間帯に大失禁をしてシーツや衣服まで汚れてしまった場合などはヘルパーが駆けつける。

その夜、長田さんから電話があった。

「岸山さん、ベッドの手配をしてちょうだい。あの部屋、すごく散らかっているから、あのままじゃベッド入らない。私と岸山さんで片付けよう」

すぐに福祉用具専門相談員*に依頼をかけた。翌朝の10時、ベッドの部品を運んでくれた。

福祉用具専門相談員がベッドの組み立てをするかたわらで、陣頭指揮をとる長田さんのもとで私は働いた。由衣さんはおろおろするばかりだった。私は部屋を片付け、掃除機をかけ、埃まみれのカーテンを外した。

開け放った窓から吹き込んでくる風に春の息吹を感じた。気持ちよかった。

ケアマネの報酬は1カ月に1回のケアプラン作成料のみだ。

こんなことをしてもまったくの無報酬だけれど、ケアマネのやりがいはたいていこんな仕事の中にこそある。

「由衣、ケアマネさんと看護師さんに天ぷら蕎麦でも取ってやらねぇか。気のきかねぇ奴だ」と栄治さんが舌打ちをしながら、初めてにっこり笑った。細い目が糸のように細くなって愛嬌たっぷりの表情になった。

福祉用具専門相談員
特殊寝台や車椅子、歩行器、手すりなどの貸与や、ポータブルトイレや浴室用品の販売を行なう相談員。30~40代の男性がほとんどで、団地の階段を20キロ以上の福祉用具を背負ってのぼる。涙ぐましいほど健気な男子たちである。そんな彼らを自分の息子か甥のようにかわいく感じる。

その日から、1日に4～5回、訪問ヘルパーが定期巡回し、栄治さんの紙おむつを交換したり、ポータブルトイレを洗ったり、ご飯の支度をしたりした。ナースコールと同じく、枕元に置いたペンダントを押せば、愛和ステーションがキャッチするようになっている。看護も24時間体制だ。クリニックの医師は2週間に1回、来てくれた。由衣さんは介護と看護を愛和ステーションに委ね、仕事に通い続けることができた。

私のもともとの家庭はもうない。育ての父が死に、母が死に、妹は離れて暮らす。私が築いた家族は、娘が新しい家庭を作り、今、夫と2人きりになった。それでも、私はかつてあった家族の存在を毎日、感じている。

ケアマネジャーになって、どんなに多くの家族に出会っただろうか。今はひとりで暮らしている人たちにも家族があったのだ。私はよく彼らのいなくなった家族のことを空想した。

私は20年間、さまざまな家族に出会いたくてケアマネジャーを続けてきたのかもしれない。

某月某日　心配ないよ：責めない、叱らない、蔑まない

担当していた利用者が入院することはよくある。病状が改善し、退院して家に帰ってくるのは嬉しい。けれども、身体機能のレベルがかなり落ちて退院してくるときは、さまざまな対策を立てなければならない。

95歳の橋本キヨ子さんは長男家族と暮らし、デイサービスを使っていた。家で転倒し、右大腿骨頸部を骨折、入院して手術を受けた。リハビリが終了したころ、持病の気管支拡張症が悪化して点滴につながれた。食事はとれず、痩せ細る一方だった。入院中はコロナ感染拡大防止のため、いっさい面会はできなかった。病院から「退院するのだったら今のうちです」という電話が長男にきた。

彼は迷い、私に助言を求めてきた。

「病院の医療相談員から、家で看取りますか?と聞かれましたが、なんて答えて

いいのかわかりません。食べられないまま、衰弱していく母をどこまで看てあげられるか、自信がありません。どうやったら看取れるのか……」

私の心の奥でも葛藤があった。

退院したはいいが、急変した場合は困る。今、病院はいったん退院した患者を、不特定多数の人間と接触があったとして、病状が悪化しても再入院を拒む。となると、どんな状態になっても、長男夫妻が最期まで看取ることになる。そう考えれば、この在宅復帰は無謀ともいえる。

けれども、サービスを組み立て、家族に力をつけてあげるのが、私の本来の役割ではないか。たとえ家族に看取る自信がなくても、ちょっとでも家で看てあげたいという気持ちがあれば、それに応えるのがケアマネなのだ。

長男夫妻にどれほど持ちこたえる力があるのか、推しはかることはできなかった。でも、「絶対、無理です」と首を振らない限り、可能性は広がる。

私はいつも母の臨終を思い出す。*今から16年前になる。

最後の1年間、肝臓がんの末期で倦怠感や腹水の症状に苛まれていたが、母は

母の臨終
小学3年の春休み、母は私に、ゴムまりつきを習得させようとして実演していた最中に、ゴムまりに足をからませ転倒し、左腕を骨折した。母はそのとき、受けた手術で輸血をしてC型肝炎ウイルスに感染した。以来、7940年間、肝臓病と闘い、歳で死んだ。

気丈に身の回りのことは自分でやった。

半ば意識を失いかけて倒れたのは、亡くなる4日前だった。夜間、私が病院に連れていった。

神奈川県に住む妹を呼んだ。亡くなる前日、母の意識は清澄になり、私と妹と3人で一日中しゃべった。私が三波春夫の「チャンチキおけさ」を歌い、妹が大笑いした。看護師に注意されるほどにぎやかな病室だった。

夜になり、母が「家の氷が食べたい」と言った。

「持ち直したんだから、なるべく早めに家に帰ろう」と私は言った。

私と妹が病室を出るとき、母は「ああ、おもしろい人生だった」とつぶやき、目をつむってほほ笑んだ。白い顔が光を集めたように浮きあがって見えた。

翌日、私は仕事に行った。妹がそばに付き添ってくれていたので安心していた。

だが、妹から、急変したという電話が来た。あわてて職場を飛び出た。

病院に到着し、エレベーターを待ちきれず、階段を駆けのぼった。

ある病室から「おめでとうございます。女の子です」祝福を告げる看護師のよく響く声が耳に流れてきて、なぜか私をひどく狼狽(ろうばい)させた。

私が病室の扉を開けると、医師が立っていた。

「12時１分。ご臨終です」と宣告した。

約束を守れなかった。あのときの後悔が今も私の胸を突き刺す。


私は橋本キヨ子さんの在宅復帰に関して、覚悟を決めた。

私は長男夫妻に言った。

「定期巡回・随時対応型訪問介護看護を使いましょう。ヘルパーさんと看護師さんが頻回に訪問して助けてくれます。介護のやり方も教えてくれます。エアーマットを導入して、褥瘡を防ぎましょう。訪問診療の医師をご紹介します。訪問入浴も使ってみましょう」

一つひとつのサービス内容を説明し、長男夫妻の背を押した。

定期巡回・随時対応型訪問介護看護の愛和ステーションや訪問入浴介護の事業所、福祉用具専門相談員、訪問診療の医師に次々にあたっていき、依頼をかけた。

１カ月間の計画をシミュレーションで立て、かかる費用を計算した。

キヨ子さんが家に戻ってくると、その日からサービスは開始された。

担当者会議を自宅で開き、すべてのサービス提供事業所の担当者とヒザをつき合わせて、話し合いを重ねた。

「ケアプラン・雀」で働いて1年、私はようやく居宅介護支援事業所のケアマネになれた気がした。

キヨ子さんは自分を囲むたくさんの人の出現に驚き、そして静かに満足してくれていた。長男の妻が作った野菜の煮物や蒸し物、魚料理にかぶりつき、みんなを笑わせた。みるみる表情がはっきりして、声が出るようになってきた。

理学療法士が訪問し、キヨ子さんを家の中で歩かせた。歩行器を支えにして、少しずつ移動する力がついてきた。

1カ月後、キヨ子さんは大腿骨頸部を骨折する以前の状態にまで快復していた。

「私たちはもう必要ないわ」とヘルパーと看護師が言い、定期巡回・随時対応型訪問介護看護を卒業した。半年間、休んでいたデイサービスに週3回通えるようになった。

「どうやったら看取れるか」という話はいつの間にか過去のものになっていた。

「雀」で働くようになって1年以上が経った。

10年働いた地域包括支援センターで定年延長をしてもらえなかったのも、次に就職したセンターを追放されたのも、私の弱点によりパフォーマンスが悪いせいだった。

しかし、「雀」では同僚たちに導かれ、助けられながらも仕事は滞らず、なんとか回っている。

＊

あらためて注意欠如・多動症への対策は環境が決め手＊であることを痛感した。「雀」では誰も私を責めない。叱らない。蔑まない。

代表の志賀広美さんは鷹揚で何事にも動じない。事務員たちも細かいところまでフォローしてくれる。おかげで物忘れや置き忘れ、失敗はどんどん減った。けれども、まだ自信がない。不意に目の前に大きな崖が広がって転落していきそうな感覚に囚われることがある。そんなときは「心配ないよ。落ちないから突き進んでいきな」と自分に声をかける。

環境が決め手
夫がキオスクで購入した「日刊ゲンダイ」でこんな記事を見つけたと教えてくれた。注意欠如・多動症は主として3つのタイプに分かれる。仕事をするのは無理な「ムリ層」、働けるが相当な苦労をする「ギリ層」、ずば抜けた才能でバリバリ活躍する天才肌の「バリ層」だという。私は土俵際でギリギリ踏ん張る「ギリ層」だろう。けれども「ギリ層」も環境次第で「ムリ層」に転落してしまう。反対に、環境によって「ムリ層」も「ギリ層」にまで引っ張り上げられるはずだ。

あとがき――夢のような日々

この1年あまり、介護業界はコロナで激動だった。

2020年春、私が勤める職場には、防護服はおろかマスクや消毒液もなかった。非正規職員たちが布でマスクをせっせと作り、酒屋からエタノールを自腹で購入しては運び続けてくれた。ポリのゴミ袋を防具服代わりに使った。

それから1年が経った今、パンデミックのために入院できない重度の患者は在宅にいる。ヘルパーは日に13回も重度の人びとの家を回り、おむつ交換や清拭（せいしき）、食事介助をする。看護師は病状管理のために飛び回り、理学療法士は寝たきりでも関節が固まらないようにとベッドサイドのリハビリに精魂かたむける。福祉用具専門相談員は重たい福祉用具を背負い、汗まみれになって団地の階段をのぼっていく。

彼らはみな、コロナ禍にあっても利用者と頬をすり合わせるほどに密着し、便座に座らせたり、抱き上げたりすることを厭わない。

ひとりの利用者に何人もの人びとが関わり、それぞれの立場から利用者に対して創意工夫をこらしたケアを提供しようとあがき続けている。

利用者はもちろん、ケアする側も、誰もがギリギリのところ*で踏ん張っている。その奮闘ぶりを思い浮かべると、はらはらと涙がこぼれ落ちる。

利用者やその家族の笑い声、ふと漏らす切ない言葉に突き動かされて私はケアマネをやってきた。

本書を書きながら、老人病院でおむつ交換おばさんと呼ばれていたころ、憧れのケアマネ試験に合格したころ、もう走れないとヘタっていたころ……節目節目の自分の姿が浮かんだ。試行錯誤を繰り返した、とてつもなく長い歳月だった。

でも、おむつ交換おばさんになったときから、一生やりたいと決めたのだ。

私はこの仕事が好きだからやってきた。

振り返ってみると、夢のような日々でもあったのだ。

2021年6月

岸山 真理子

***ギリギリのところ**　ここ数年間、くすぶり続けていた中小零細規模のデイサービスや訪問介護事業所、居宅介護支援事業所の経営危機は、コロナにより浮き彫りになった。人手不足と低賃金にあえぐ中、介護保険料だけが上がっていく。2021年4月、65歳以上が負担する介護保険料の基準額が全国平均月6000円を超え、制度発足時の2倍以上になった。

岸山真理子◉きしやま・まりこ
1953年静岡県生まれ。大学卒業後、30代まで単純労働の現場を渡り歩く。38歳での出産を機に正規職員の仕事を求め、介護職員に。その後、47歳でケアマネジャーになり、以来21年にわたって介護現場の最前線で奮闘する。毎朝のストレッチを欠かさず、真剣に「88歳現役」を見据える。

ケアマネジャーはらはら日記

二〇二一年　七月二三日　初版発行
二〇二三年　三月二五日　九刷発行

著　者　岸山真理子
発行者　中野長武
発行所　株式会社三五館シンシャ
〒101-0052
東京都千代田区神田小川町2-8　進盛ビル5F
電話　03-6674-8710
http://www.sangokan.com/

発　売　フォレスト出版株式会社
〒162-0824
東京都新宿区揚場町2-18　白宝ビル7F
電話　03-5229-5750
https://www.forestpub.co.jp/

印刷・製本　中央精版印刷株式会社

ISBN978-4-86680-918-2